101

ATRAÇÕES DE TV
QUE SINTONIZARAM
O BRASIL

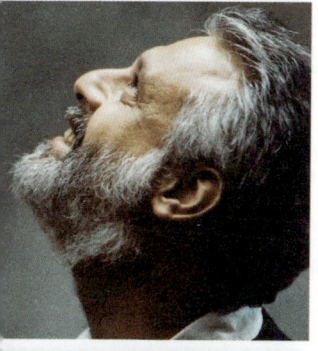

101

ATRAÇÕES DE TV QUE SINTONIZARAM O BRASIL

Patrícia Kogut

com colaboração de
Mànya Millen

❖ Estação ❖
BRASIL

Copyright © 2017 por Patrícia Kogut

Todos os direitos reservados. Nenhuma parte deste livro pode ser utilizada ou reproduzida sob quaisquer meios existentes sem autorização por escrito dos editores.

REVISÃO: Ana Grillo, Hermínia Totti e Luis Américo Costa
PROJETO GRÁFICO: Laura Daviña e Natalia Zapella
ADAPTAÇÃO DE PROJETO GRÁFICO, DIAGRAMAÇÃO E CAPA: Natali Nabekura
IMAGEM DE CAPA: Antonio Ribeiro | Abril Comunicações S.A
PESQUISA ICONOGRÁFICA: Isabela Mota
TRATAMENTO DE IMAGENS: Trio Studio
IMPRESSÃO E ACABAMENTO: RR Donnelley

CIP-BRASIL. CATALOGAÇÃO NA PUBLICAÇÃO
SINDICATO NACIONAL DOS EDITORES DE LIVROS, RJ

K84c Kogut, Patrícia

    101 atrações de TV que sintonizaram o Brasil / Patrícia Kogut; Mànya Millen; Rio de Janeiro: Estação Brasil, 2017.
    272p.; il.; 16 x 21cm.

    ISBN 978-85-5608-021-9

    1. Televisão – Aspectos sociais. 2. Televisão – Programas – Brasil – Análise. I. Millen, Mànya. II. Título.

17-40857	CDD: 302.2345
	CDU: 316.77

Todos os direitos reservados, no Brasil, por
GMT Editores Ltda.
Rua Voluntários da Pátria, 45 – Gr. 1.404 – Botafogo
22270-000 – Rio de Janeiro – RJ
Tel.: (21) 2538-4100 – Fax: (21) 2286-9244
E-mail: atendimento@sextante.com.br
www.sextante.com.br

Para Ali, Alice e Sofia, meu marido e minhas filhas queridas.
Para meus pais, Dorothy e José Kogut.

TV: QUEM TE VIU, QUEM TE VÊ

Nada – nem chiclete, nem topete, nem ray-ban, nem band-aid, nem lambreta, nem Grapete, new twist ou iê-iê-iê –, nada deixou o Brasil mais pop e mais antenado do que a TV. Nem mais americanizado, pois ao abrir o primeiro canal, no raiar dos anos 1950, o pioneiro Assis Chateaubriand não seguiu o modelo da inglesa BBC, uma TV pública, mas a fórmula "Nossos comerciais, por favor" das redes dos Estados Unidos. A questão, portanto, nunca chegou a ser Tupi *or not* Tupi, mas TV *or not* TV: ou haveria anúncio ou não se veria TV no Brasil. Ainda assim, nos seus primórdios, por mais moderna que se anunciasse, a TV brasileira parecia uma mistura um tanto sem jeito de teatro e rádio, com uma garota-propaganda no meio. Fina ironia, pois, com o advento da TV, o teatro perdeu o rebolado e alardeou-se uma espécie de já era do rádio. Do reclame ninguém reclamou: era parte da novidade.

De qualquer modo, a TV já chegou dando sorte ao Brasil, pois foi ao ar pela primeira vez em 18 de setembro de 1950, exatos dois meses e 48 horas depois do mais azarado dia da pátria de chuteiras, 16 de julho, quando, pelas ondas do rádio, o Uruguai arrebatou a Copa do Mundo diante de uma suposta "nação de vira-latas". A TV virou o jogo – e nem passou a reprise. Logo a seguir, entrou em campo para deixar o Brasil ao vivo até em videoteipe (recurso por meio do qual, aliás, seriam vistas as inesquecíveis Copas de 1958 e 1962). Sintonizando o país de cabo a rabo, a TV fez tudo mais colorido, mesmo quando ainda só transmitia em preto e branco. Ligada, deixou nossa vida por um fio e botou todo mundo com o dedo na tomada.

Mas não foi uma TV aproveitadora, nemególatra: afinal, ela reinventou a dramaturgia do país, impulsionou sua música (Jovem Guarda e MPB lhe devem muito), bebeu na fonte de sua literatura (expandindo-lhe o alcance), eletrizou seu jornalismo, consagrou sua propaganda. De certa forma, virou seu cinema novo, sua nova bossa, seus tambores e clarins e também sua rede social, bem antes da própria. Porque é evidente que o Brasil encontrou na telinha uma de suas mais efetivas formas de expressão e, por meio dela, lançou seus artistas mais amados, seus mais odiosos vilões, seus parcos heróis de verdade; propagou suas fofocas e notícias, viveu seus anos dourados, seus anos de chumbo, seus velhos sonhos e suas antigas obsessões, como você verá nas nossas próximas atrações... Claro que junto vieram fantasmas, chuviscos e imagens distorcidas: a nação parada na frente da TV, sem saber se vai para cima ou para baixo, nem para qual lado, como se com defeito no horizontal e no vertical. Mas não era um problema da TV, era? Porque, se fosse, um Bombril na antena resolveria o caso.

A jornada que levou o Brasil de 50 milhões de habitantes e 375 televisores no alvorecer dos anos 1950 ao Brasil de 200 milhões de pessoas com 189 milhões de TVs nos anos 2000 é o nascimento de uma nação, projetado não em cinemascope, mas com raios catódicos e ondas eletromagnéticas, no analógico e no digital, com direito a repeteco e pay-per-view de graça no canal aberto. Para nos conduzir em tal passeio por essa divina comédia da vida privada não poderia haver guia mais apropriada do que a jornalista Patrícia Kogut, que há duas décadas e um piscar de olhos se mantém senhora do controle remoto, zapeando por um labirinto de canais para separar o joio da joia e resenhar para dezenas de milhares de leitores o que vale a pena ver de novo ou de velho nessa enxurrada de imagens nossas de cada dia.

TVA, TVE e TVZ, ABC, BBC e MTV, CNN, Espn e Sportv, *TV Pirata*, *TV Mulher*, TV Futura, TV aberta, TV fechada, TV a cabo e ao largo – Patrícia tudo vê e quase tudo sabe, tendo se tornado a mais respeitada crítica de TV do Brasil pois, embora trabalhando no jornal *O Globo*, da mesma empresa que é dona da mais importante rede de TV do país, jamais misturou alhos com bugalhos e sempre distribuiu suas notas com critério, parcimônia e conhecimento de causa. A bem dizer, ela faz um mix de Márcia de Windsor ("Minha nota é dez") com Zé Fernandes ("Dou-lhe zero"), jurados do *Programa Flávio Cavalcanti*, um dos tantos personagens vintage que este livro resgata em seus deliciosos 101 canais. Aqui, como no jornal, Patrícia preferiu fazer uma escolha pessoal e intransferível – e, como tal, arriscada. Mas não há como duvidar que ela circulou por todo o universo da aldeia global, sem fazer programa de índio.

Embora nesta segunda década do século XXI a TV brasileira encare seus duplos e anteveja suas nêmesis, ela segue aberta, no ar e bem ligada no país. Ainda assim, ou talvez por isso mesmo, desperta, todos os dias, um esquisito estranhamento: você senta para acompanhar a trama e logo percebe que a direção é fraca ou inexistente; que o roteiro, apesar de confuso, não deixa de ser previsível; que os atores são tremendos canastrões e que o fim ainda está longe... Só quando está prestes a trocar de canal, entende que não está vendo um dramalhão mexicano: é o noticioso. Mas, de novo, não é um problema que um Bombril resolveria. Até porque nem se usa mais antena.

Patrícia Kogut segue antenada e, nas páginas seguintes, conecta o país com seu passado e seu futuro nestas 101 atrações e mil e uma noites que sintonizaram o Brasil.

— *Eduardo Bueno*
Curador da coleção Brasil 101

Sumário

Assis Chateaubriand, 13
Cassiano Gabus Mendes, 16
Hebe Camargo, 18
Lima Duarte, 21
Walter Avancini, 25
Fernanda Montenegro, 26
Grande Teatro Tupi, 29
Manoel Carlos, 32
Ivani Ribeiro, 35
Maurício Sherman, 36
Repórter Esso, 38
Boni, 41
Chacrinha, 44
Walter Clark, 47
Almoço com as estrelas, 50
Chico Anysio, 52
Fernando Barbosa Lima, 56
Flávio Cavalcanti, 58
Praça da Alegria, 61
Betty Faria, 63
Glória Menezes, 66
Tarcísio Meira, 69
Carlos Manga, 72
Francisco Cuoco, 75
Os Trapalhões, 77
Susana Vieira, 80
Silvio Santos, 83
Cláudio Marzo, 86
2-5499 Ocupado, 89
Janete Clair, 91

Os enlatados, 93
O direito de nascer, 97
Glória Magadan, 98
Augusto César Vannucci, 100
Festivais de música, 102
Jovem Guarda, 105
Milton Gonçalves, 108
Regina Duarte, 111
Tony Ramos, 113
Roberto Marinho, 117
Benedito Ruy Barbosa, 121
Dina Sfat, 122
O Homem do Sapato Branco, 125
Daniel Filho, 127
Família Trapo, 129
Jô Soares, 133
Paulo Gracindo, 137
Antonio Fagundes, 139
Balança mas não cai, 142
Dias Gomes, 145
Beto Rockfeller, 149
Gloria Pires, 151
Jornal Nacional, 153
As Copas do Mundo, 156
Topo Gigio, 159
José Wilker, 160
Gilberto Braga, 163
Globinho/Globo cor especial, 165
Globo de Ouro, 166
A grande família, 168

Selva de pedra, 171
Vila Sésamo, 173
O Bem-Amado, 175
Fantástico, 177
Gabriela, 181
Escrava Isaura, 183
Hans Donner, 186
Sítio do Picapau Amarelo, 188
Aguinaldo Silva, 191
Abertura, 192
Carga pesada, 195
Malu mulher, 197
Bozo, 198
TV Mulher, 201
Fausto Silva, 203
Guel Arraes, 207
Pedro Bial, 208
Gugu Liberato, 211
Gloria Perez, 213
Armação ilimitada, 214
Luiz Fernando Carvalho, 216
Grande sertão: veredas, 219
Roque Santeiro, 221
Anos dourados, 225
Roda viva, 226
Xuxa, 229
TV Pirata, 231
Vale tudo, 233
TV por assinatura, 236
MTV, 238

Pantanal, 241
Novelas infantis do SBT, 243
Você decide, 246
Casseta & Planeta, urgente!, 248
Castelo Rá-Tim-Bum, 250
Sai de baixo, 253
João Emanuel Carneiro, 254
Os normais, 256
Big Brother Brasil, 258
Hoje é dia de Maria, 260
Avenida Brasil, 263

Posfácio, 265
Agradecimentos, 267
Créditos das imagens, 269

Assis Chateaubriand em 1950, já poderoso empresário das comunicações, quando trouxe a televisão para o Brasil.

Assis Chateaubriand
Pioneiro e visionário

O homem que trouxe a televisão para o Brasil em 1950 sonhava grande e era empreendedor. Essa combinação de traços de personalidade e o fato de ele já ter, àquela altura, construído um império no ramo das comunicações, os Diários Associados, foram fundamentais na fundação da TV Tupi. O que parecia uma aventura arriscada aos olhos de muitos acabou mudando o país para sempre. Foi a semente da mais poderosa indústria cultural já instalada no Brasil. Francisco de Assis Chateaubriand Bandeira de Mello nasceu em 1892 em Umbuzeiro, na Paraíba. Até os 10 anos foi gago, era miúdo, mas nada disso o impediu de ir longe. Aos 15 anos, começou a trabalhar como repórter em Recife. Formou-se em Direito, mudou-se para o Rio de Janeiro e se tornou colaborador fixo do *Jornal do Brasil* e do *Correio da Manhã*, consolidando, já nessa época, a fama de polemista. Aos 32 anos, tornou-se dono de *O Jornal* e, em duas décadas, construiu um conglomerado jornalístico que incluía 36 jornais, 19 estações de televisão, 25 emissoras de rádio, 18 revistas e duas agências de notícias. Até morrer, em 1968, teve grande influência política, atuou como mecenas das artes, ajudando a montar o Museu de Arte de São Paulo (MASP), entrou para a Academia Brasileira de Letras e colecionou inimigos figadais.

O projeto da primeira estação de televisão da América Latina estava em andamento em 1949. Em *Chatô, o rei do Brasil*, Fernando Morais conta que em fevereiro daquele ano o radioator Walter Forster e os radialistas Cassiano Gabus Mendes e Dermival Costa Lima jogavam peteca num campinho no pátio da Rádio Difusora, no Alto do Sumaré. Eles foram interrompidos pelo patrão, que estava acompanhado de um mestre de obras responsável por medir o lugar com uma trena. "Vocês vão jogar peteca no diabo que os carregue; aqui vão ser os estúdios da TV Tupi", anunciou. Ele já tinha comprado o equipamento nos Estados Unidos. Não era apenas o terreno do campinho de peteca que estava sendo preparado para uma grande transformação. Todos os contratos dos funcionários das emissoras associadas que venciam eram renovados mediante a concordância com uma cláusula nova: a pessoa se comprometia a trabalhar para o rádio e para a televisão.

Assim, Chateaubriand implementou a nova mídia com profissionais egressos do rádio. O diretor artístico era Dermival, que ocupava a mesma função nas rádios Tupi e Difusora. O principal assistente dele, Cassiano, mal havia completado 20 anos. Pouco antes da inauguração, alguém se lembrou de que ninguém tinha televisores em casa. Chatô mandou vir dos Estados Unidos 200 aparelhos, contrabandeados para evitar a Alfândega. O improviso e a experimentação dominaram os primórdios da televisão no Brasil. Mas a Tupi prosperou e, em 1960, já era uma rede. Lá foram produzidos

À direita, na festa da inauguração, o indiozinho, símbolo da TV Tupi, junto à câmera que, como os demais equipamentos, tinha sido importada dos Estados Unidos. Abaixo, a primeira imagem, com o logotipo do canal.

Sob o comando de Chatô, a Tupi produziu programas pioneiros.

programas pioneiros e as primeiras novelas brasileiras. Foi na tela da Tupi, em *Sua vida me pertence* (1951), que Vida Alves e Walter Forster deram o primeiro beijo na boca da história da teledramaturgia nacional.

Em 1966, surgiu o programa infantil *Clube do Capitão Aza* e, em 1968, a novela *Beto Rockfeller*. Em 1980, em meio a uma crise que já havia causado o fim de seu departamento de jornalismo, a rede foi extinta.

Cassiano Gabus Mendes
Criador de *Beto Rockfeller*

É impossível pensar em Cassiano Gabus Mendes sem lembrar, de cara, de *Beto Rockfeller*. A novela que ele criou e Bráulio Pedroso escreveu para a TV Tupi em 1968 foi um divisor de águas do gênero. Ele inaugurou um estilo. As tramas, antes pomposas, de época ou adaptadas de clássicos, de repente se abriram para falar a língua do cotidiano e abraçar temas mais mundanos. É verdade que *Beto Rockfeller* mudou tudo, mas a carreira desse homem de TV – e não apenas autor – começou muito antes, em 1950, na Tupi. Ele foi diretor artístico da emissora quando ainda tinha 24 anos (nasceu em 1927). Foi lá que Cassiano lançou o lendário *TV de Vanguarda*, que ficou no ar por 16 anos e do qual participaram todos os grandes astros veteranos da nossa televisão. Não havia VT, era tudo ao vivo. Ele também idealizou o *Alô, Doçura!*, com Eva Wilma e John Herbert, seriado que marcou época. Multitalentoso, fazia de tudo um pouco, como era de costume nessa era pioneira. Escrevia, dirigia, palpitava. Passou pela TV Excelsior e pela TV Cultura, até chegar à Globo em 1976. Lá trabalhou apenas como autor. Mas que autor!

Sua primeira novela na emissora carioca foi *Anjo mau*, sucesso absoluto de 1976 protagonizado por Susana Vieira. No ano seguinte, escreveu *Locomotivas*, trama estrelada por Eva Todor, Aracy Balabanian, Walmor Chagas, Lucélia Santos, Dennis Carvalho (que, naquela época, ainda assinava Dênis), entre outras estrelas. De novo, a audiência explodiu. E então vieram *Te contei?* (1978), *Marrom glacê* (1979) e *Plumas & Paetês* (1980), em que ele voltou a trabalhar com Eva Wilma e John Herbert.

Depois, criou *Elas por elas*, (1982), e reeditou a parceria imbatível com Luis Gustavo (o Beto Rockfeller), que interpretou o inesquecível detetive Mário Fofoca. Assinou ainda *Champagne* (1983), *Ti-ti-ti* (1985) e *Brega e chique* (1987).

Mas a mais importante novela de Cassiano foi *Que rei sou eu?* (1989), uma alegoria que marcou época. A trama era ambientada num reino fictício, Avilan, antes da Revolução Francesa, mas brincava com a situação política e social do Brasil. Giulia Gam, Tereza Rachel, Tato Gabus Mendes, Daniel Filho e Cláudia Abreu estavam no elenco dirigido por Jorge Fernando. Em 1990, com *Meu bem, meu mal*, estreou na faixa das 20h mostrando que também era bom de drama. Um dos destaques da produção foi a comédia, concentrada na dupla Porfírio (Guilherme Karam) e Madga (Vera Zimmermann), que ele só chamava de "divina Magda". Cassiano morreu em 1993, durante a exibição de *O mapa da mina*, mais uma história de sua autoria.

Cassiano, em 1987, durante *Brega e chique*, já famoso e trabalhando na TV Globo.

Hebe Camargo
Diva da televisão

Ela era esperada na transmissão inaugural da televisão brasileira, a que marcou o início da Tupi, em 1950. Famosa cantora de rádio, tinha participado da caravana de artistas que acompanharam Assis Chateaubriand ao porto para buscar os primeiros equipamentos de sua rede. Mas Hebe Camargo não apareceu, preferiu atender a um encontro amoroso, segundo reza a lenda. E Lolita Rodrigues, sua amiga, teve que substituí-la. Hebe pode ter faltado a esse compromisso, mas sua presença na TV foi uma das mais marcantes, festivas e permanentes até ela morrer, em 2012, pouco depois de ter assinado contrato com o SBT, de onde havia saído anos antes.

Nascida em 1929 em Taubaté, no interior de São Paulo, a dona do bordão "Lindo de viver!", que chamava todo mundo de "gracinha" e gostava de receber seus convidados com um selinho, começou como cantora. Ela e a irmã Stella formavam uma dupla caipira na década de 1940. Era o reinado do rádio. Passou pela Tupi e pela Difusora, apresentou-se em boates e, em 1950, lançou um disco compacto de 78 rotações. Uma de suas primeiras aparições na televisão foi um dueto com Ivon Curi, no programa *Rancho Alegre*, da Tupi. Em 1955, passou a comandar *O mundo é das mulheres*, na TV Paulista. Era o início de uma longa estrada como apresentadora. Na Continental, em 1960, foi dona do *Hebe comanda o espetáculo*. Em 1966, já na Record, estreou um dominical com o seu nome. Tornara-se uma estrela. Ao seu lado tinha o músico Rubens Antônio da Silva, conhecido como Caçulinha. Ali ela começou as entrevistas no sofá, um formato que se consolidou, tornou-se a sua marca e foi imitado muitas vezes. Passou pela Tupi e pela Bandeirantes até chegar ao SBT, em 1986. Em 24 anos trabalhando com Silvio Santos, fez *Hebe*, *Hebe por elas* e *Fora do ar*. Estreou na RedeTV! em 2011, mas em 2012 retornaria à emissora de Silvio. Dias antes de morrer, em setembro do mesmo ano, mandou uma

Com Wilson Simonal, cantando no Festival de Música da Record nos anos 1960, em São Paulo.

Em 1974, já louríssima, apresentadora na Record.

mensagem para os fãs pelas redes sociais: "Meus lindos, nem acredito! Estou de volta ao SBT, meu coração está disparado e feliz!" Não deu tempo de voltar ao ar.

Alegre, exuberante, amorosa, contraditória, dona de opiniões políticas conservadoras e ao mesmo tempo exemplo de mulher liberada, uma vez resumiu assim sua maneira de se comportar no ar: "Sou uma pessoa muito autêntica. Se tiver que chorar, choro, e não fico preocupada com a maquiagem que está borrando." Tudo verdade.

Na foto maior, no seu programa do SBT, em 1993. Acima, com Nair Bello, amiga que a acompanhou a vida inteira, e Lélio Ravagnani, o marido, em dezembro de 1983.

Lima Duarte
De Sinhozinho a capiau

Filho de um boiadeiro e de uma artista de circo, nascido Ariclenes Venâncio Martins em 1930, em Sacramento (MG), Lima Duarte sempre manteve um pé na roça e outro na cidade grande. É um brasileiro de extremos. Por isso, não surpreende que, em 1973, tenha sido o mais perfeito Zeca Diabo que o público de *O Bem-Amado* poderia esperar e, em 1985, haja feito do Sinhozinho Malta, de *Roque Santeiro*, um dos personagens de maior importância da história da nossa TV.

Com o mesmo desembaraço, foi o empresário Salviano Lisboa, de *Pecado capital* (1975), e o elegante Dom Lázaro Venturini, de *Meu bem, meu mal* (1981). Dos ricos aos pobres, passando pelo naïf Sassá Mutema, de *O salvador da pátria* (1989), seu talento abraçou todos sem dificuldades e, sobretudo, deu a cada um deles uma dimensão humana, longe da caricatura.

Em certa ocasião, quando comparado a Charles Chaplin, Marlon Brando e John Wayne, resumiu: "Somos todos atores de um papel só. O meu é o brasileiro." Nada disso impediu que encarnasse um indiano, Shankar, em *Caminho das Índias* (2009), ou um turco em *Belíssima* (2005). Como ele mesmo disse, quando perguntado sobre como enxerga esse trânsito fácil por tipos tão múltiplos: "O que muito me honra e engrandece é o fato de ser, na elite dos atores brasileiros, o único de formação rural, um caboclo que virou ator. E todo o meu esforço tem sido no sentido de servir a minha gente,

Como Zeca Diabo, de *O Bem-Amado*, em 1973.

de não envergonhá-la e de dizer, a cada personagem: 'Olha! Eu sou um de vocês!' Mesmo tendo sido Hamlet, Padre Antônio Vieira, Macbeth, Otelo... Tudo caboclo, como eu!"

Lima deixou a cidade natal em 1946 e chegou a São Paulo, onde passou a viver de pequenos bicos, como carregar frutas na feira. Candidatou-se a uma vaga de aprendiz de sonoplasta na Rádio Tupi, na qual, a convite de Oduvaldo Vianna, ganhou um papel na radionovela *Rádio Romance Royal Briar*.

Ao lado, com Paulo Gracindo, em *Os ossos do barão*, de 1973. Abaixo, como Sassá Mutema, em *O salvador da pátria*, de 1989.

Contracenando com Yara Cortes em *O rebu*, de 1974.

Foram 26 anos lá. Estava ao lado de Assis Chateaubriand, com Lolita Rodrigues, na primeira transmissão da TV Tupi, em 1950. Era a inauguração de um veículo que ele nunca mais deixaria, mesmo com uma extensa carreira no teatro e no cinema. Em 1951, fez parte do elenco de *Sua vida me pertence*, a novela em que um galã, Walter Forster, beijou a mocinha, Vida Alves, pela primeira vez no vídeo. Seu papel era quase uma ponta. Depois, participou da novela bíblica *O Rouxinol da Galileia* (1968) e das tramas *O drama dos humildes* (1964) e *Os irmãos corsos* (1966), entre outras. Ainda na Tupi dirigiu *Beto Rockfeller*, de Bráulio Pedroso, em 1968. Foi quando veio o convite da Globo e, a seguir, uma extensa lista de novelas. Lima Duarte também foi dublador. Pouca gente sabe, mas ele fez, durante anos, as vozes de Catatau (em *Zé Colmeia*) e de Pepe Legal.

Da longa estrada na TV, ele cita um personagem favorito: Sassá Mutema. E diz que a novela de que mais gostou de participar foi *Roque Santeiro*.

Walter Avancini em 1974, quando dirigia *Fogo sobre terra*, da Globo.

Walter Avancini
Descobridor de talentos, diretor rigoroso

Várias figuras da primeira geração da televisão foram talentos precoces, mas Walter Avancini, nascido em São Caetano do Sul em 1935, começou ainda mais cedo que muitos de seus contemporâneos. Aos 9 anos, já era radioator na Difusora de São Paulo. Foi levado pela mãe, Carmen, e assinou o primeiro contrato em 1943. Aos 12, fez o primeiro longa-metragem, *Quase no céu*, dirigido por Oduvaldo Vianna. Chegou à televisão na data em que ela desembarcou no Brasil, em 1950, na Tupi, e nela trabalhou até ser vencido por um câncer, em 2001, quando estava à frente de *A Padroeira*, na Globo. Ao todo, dirigiu mais de 50 produções. Era amado, odiado e temido. Marcou a carreira de muitos atores com seu rigor e sua busca constante da excelência. Sabia disso e se autodefinia assim: "Desumano é o diretor que não presta atenção no ator, que bate nas costas do defeito. Generoso é aquele que se desgasta tentando educá-lo. Quem trabalha comigo nunca sai perdendo." Tinha sensibilidade para descobrir talentos e foi o responsável por lançar Sonia Braga, Regina Duarte (que conheceu num comercial de sorvete) e Bruna Lombardi.

Foi ator num humorístico de Manuel de Nóbrega assim que a Tupi inaugurou a televisão no Brasil. Deixou a emissora em 1953 e, na TV Paulista, achou um lugar como ator, mas logo voltou a criar teleteatros e ganhou um prêmio de autor revelação. Foi lá que teve sua primeira experiência como diretor, em *O Lampião*, uma adaptação da obra de Rachel de Queiroz. Passou pela Excelsior, pela Bandeirantes e pela Record. De volta à Tupi, codirigiu, com Lima Duarte, o megassucesso *Beto Rockfeller*. O convite para a Globo chegou em 1972. De cara, fez de *Selva de pedra* um dos fenômenos da história da emissora, com 100% de audiência no último capítulo. Além de muitas novelas, de minisséries maravilhosas – a mais importante delas, *Grande sertão: veredas* (1985) –, de uma passagem marcante pela Manchete e de ocupar o cargo de diretor-geral da TVE, teve uma experiência no cinema, com *Boca de Ouro*. Avancini fez escola e até hoje é lembrado pelas gerações mais novas que tiveram a chance de aprender com ele. Gostava do que fazia, o que traduzia em uma frase: "Um trabalho só é difícil se não for divertido."

Fernanda Montenegro
A grande dama do teatro e da TV

Ela é celebrada como a grande dama do teatro brasileiro, mas os palcos estão longe de ser o único cenário iluminado por Fernanda Montenegro, nascida Arlette Pinheiro Esteves da Silva em 1929, no subúrbio carioca de Campinho. Trabalhando desde muito cedo – começou na Rádio MEC aos 15 anos como locutora, radioatriz e redatora –, Fernanda Montenegro, nome que inventou e adotou artisticamente ainda na época do rádio, teve muito tempo para consolidar uma longa carreira cheia de atuações comoventes, inesquecíveis e premiadas também no cinema e na televisão. Detentora de numerosos prêmios no Brasil, ela se tornou, no papel de Dora, do filme *Central do Brasil* (1998), de Walter Salles, a primeira latino-americana indicada ao Oscar. Pelo mesmo filme ganhou o Urso de Prata de melhor atriz em Berlim. Com o especial *Doce de mãe* (2012), vivendo a irreverente Dona Picucha, levou o também cobiçado Emmy, o maior prêmio internacional da televisão.

Fernanda fez sua estreia no teatro em 1950, ao lado de Fernando Torres – com quem se casaria em 1953 –, na peça *Alegres canções nas montanhas*. Em 1951, foi a primeira atriz contratada da TV Tupi do Rio de Janeiro, onde atuava em peças teatrais exibidas integralmente ao público. Foi um dos principais nomes do *Grande Teatro Tupi*, ao lado de Sergio Britto e de Torres, entre outros atores. Com Britto, Torres, Ítalo Rossi, Gianni Ratto, Luciana Petruccelli e Alfredo Souto de Almeida, formou a companhia Teatro dos Sete, e com eles chegou à TV Globo em 1965 para fazer o programa *4 no Teatro*, que também apresentava adaptações de peças estrangeiras e brasileiras.

Em 1963, na TV Rio, Fernanda fez duas novelas de Nelson Rodrigues (*Amor não é amor* e *A morta sem espelho*) e, em 1967, na Excelsior, trabalhou em *Redenção*, de Raimundo Lopes. Ainda assim, sua grande devoção era ao teatro, e durante um bom tempo aceitou raríssimos papéis na TV. Em 1981, ela fez sua estreia em novelas da TV Globo em *Baila comigo*, de Manoel Carlos, que escreveu especialmente para ela a personagem Sílvia Toledo Fernandes. Foi o bastante para se tornar um dos ícones da televisão brasileira.

Daí em diante a atriz, já amada no teatro e elogiada pela sua participação, ao lado de Gianfrancesco Guarnieri, no filme *Eles não usam black-tie* (1980), de Leon Hirszman, tornou-se também um rosto reconhecido e celebrado pelos telespectadores. E deu a eles interpretações antológicas como a milionária Charlô, por exemplo, na divertida *Guerra dos sexos* (1983), de Silvio de Abreu. A cena em que ela e o primo Otávio (Paulo Autran) protagonizam uma guerra, um jogando comida na cara do outro no café da manhã, uma perfeita expressão da comédia-pastelão, entrou para a história da TV brasileira. Seu talento tornou inesquecível também a malvadíssima Bia Falcão, megera-mor de *Belíssima* (2005), outra novela de Silvio de Abreu. Em 2015, em

Fernanda Montenegro, em 1967.

Babilônia (de Gilberto Braga, Ricardo Linhares e João Ximenes Braga), viveu com firmeza e doçura a advogada Teresa, casada há décadas com Estela (Nathalia Timberg), chamando atenção para um amor maduro e protagonizando uma terna e aplaudida cena de beijo logo no primeiro capítulo.

Além das novelas, Fernanda, mãe da atriz Fernanda Torres e do diretor Cláudio Torres, brilhou igualmente em minisséries, como *O auto da compadecida* e *Hoje é dia de Maria*, e em especiais como *Doce de mãe* (de Ana Luiza Azevedo, Jorge Furtado e Miguel da Costa Franco), que, além de lhe render o Emmy em 2013, desdobrou-se num seriado em 2014. Naquele ano, Fernanda se viu novamente indicada ao Emmy de melhor atriz pelo mesmo papel, mas foi o programa que levou o prêmio internacional como melhor comédia. Em depoimento ao projeto Memória Globo, Fernanda lembrou a importância de viver a viúva Dona Picucha,

No alto, o inesquecível par com Paulo Autran em *Guerra dos sexos*, de 1983, e acima, com Raul Cortez, em *Baila comigo*, de 1981.

protagonista da série: "Acho que é um reconhecimento de que a pessoa de idade não é de se jogar fora. Tem uma vivência que faz com que ela saiba das coisas. Se não diz, é porque quer viver melhor. Se diz, é porque não está conformada e aí fala mesmo. Enfim, são seres humanos inteiros." Fernandona, como é carinhosamente chamada, segue mostrando que sabe das coisas.

Grande Teatro Tupi
Onde quase tudo começou

Nos anos 1950, primórdios da TV no Brasil, o rádio ainda era a grande referência para os programas que começavam a fazer parte da vida cotidiana do telespectador no país. E a história não foi diferente para um dos maiores êxitos da televisão nacional, o *Grande Teatro Tupi*, que estreou em 1951, na Tupi de São Paulo, e durante 14 anos, passando por diversas fases e nomes, levou ao ar clássicos da dramaturgia e da literatura universais, de Tchékov a Ibsen, de Noël Coward a Guy de Maupassant, de Pirandello a Balzac, de Nelson Rodrigues a Machado de Assis.

Inspirado no programa de mesmo nome que já fazia sucesso na Rádio Tupi, o teleteatro, primeira atração do gênero na América Latina, iniciou sua jornada na TV sendo exibido regularmente às segundas-feiras e contando com nomes de peso nos palcos, como Jaime Barcelos, Carla Civelli e Sergio Britto, entre outros. Britto, aliás, ficaria à frente do *Grande Teatro Tupi* do Rio de Janeiro a partir de 1956, numa empreitada que consolidou definitivamente a fama do programa.

Entre 1956 e 1965, foram exibidas aproximadamente 400 peças no *Grande Teatro*

Lia de Aguiar em *A vida por um fio*, primeira telepeça exibida na Tupi, em 1950. Tradução e adaptação de uma peça de rádio de Lucille Fletcher, que também originou um filme da Paramount em 1948, dirigido por Anatole Litvak.

Laura Cardoso em dois momentos do *Grande Teatro Tupi* nos anos 1960: ao lado, com Percy Aires, em *A severa*, de Júlio Dantas, com direção de Wanda Kosmo. Abaixo, contracenando com Tarcísio Meira em *Se a noite falasse*, de Emilia Pardo Bazán, com direção de Wanda Kosmo.

Tupi do Rio de Janeiro, dirigidas por Britto, por Fernando Torres e por Flávio Rangel, e adaptadas por Manoel Carlos, hoje consagrado autor de novelas. Outras emissoras também levavam ao ar seus teleteatros na época, mas o da Tupi foi o palco televisivo de gigantes do tablado como o próprio Britto, Fernanda Montenegro, Ítalo Rossi, Nathalia Timberg, Fábio Sabag, Cacilda Becker e Procópio Ferreira. Com a TV ainda engatinhando, o teleteatro acabou funcionando como um aprendizado e uma rica troca de experiências para atores, diretores e técnicos, que contavam então basicamente com sua criatividade e ousadia para exibir ao vivo, com poucos recursos e muitos improvisos e erros, um programa de altíssima qualidade.

Embora no início o *Grande Teatro Tupi* tenha sido uma atração essencialmente produzida e protagonizada por quem fazia teatro – muita gente o enxergava como uma peça filmada, dada sua fidelidade ao gênero de origem –, ao longo de sua história ele foi agregando e incorporando nomes da TV. Também abriu portas para que atores de teatro ampliassem seu trabalho diante das câmeras, atuando em outras produções televisivas. Lima Duarte, Tarcísio Meira, Glória Menezes, Laura Cardoso, Beatriz Segall, além de Fernanda Montenegro e Nathalia Timberg, são exemplos dessa relação intensa entre os dois mundos.

O *Grande Teatro Tupi* chegou ao fim em 1965. Em 1962, porém, Sergio Britto já havia saído da emissora para fazer, na TV Rio, um *Grande Teatro*, que durou até 1964. Em 1965, ele repetiu a fórmula de sucesso na recém-inaugurada TV Globo com o programa *4 no Teatro*, com Fernanda Montenegro, Fernando Torres e Ítalo Rossi, que integravam sua companhia teatral, o Teatro dos Sete, além de outros atores convidados. O programa foi ao ar entre maio e setembro de 1965.

Manoel Carlos
Cronista do cotidiano

Mais conhecido pelas novelas que escreveu, Manoel Carlos contribuiu para a televisão brasileira também como diretor, produtor e até ator. Ele, aliás, começou atuando, no *Grande Teatro Tupi*, em 1951, dirigido por Antunes Filho. Ali também adaptava as peças levadas ao ar. Depois disso, dirigiu *Família Trapo*, na Record, nos anos 1960, entre outros programas. Em 1972, convidado por Boni, com quem trabalhara na TV Excelsior, assumiu a direção do *Fantástico* na Globo. A atração estreou em 1973, com Maneco, como é conhecido por todos, como diretor-geral. A primeira novela que escreveu veio em 1978, às 18h, *Maria, Maria*, uma adaptação literária (*Maria Dusá*, de Lindolfo Rocha). Em seguida, fez *A sucessora*, novela com Susana Vieira e Rubens de Falco. Eles moravam numa elegante mansão no Flamengo. Naquela época, ainda não havia sinal de Leblon na ficção dele.

Colaborou com Gilberto Braga em *Água viva* (1980) antes de assinar sua primeira trama das oito (ainda não era das nove, como hoje), *Baila comigo*, em 1981. Foi também quando surgiu Helena, nome com o qual ele batizaria todas as protagonistas de suas histórias a partir de então. A primeira delas foi Lilian Lemmertz e, curiosamente, a Helena mais recente da obra dele coube a Julia Lemmertz, a filha dela, na novela *Em família*, de 2014. Maneco esteve um período na Manchete, onde criou a minissérie *Viver a vida* (1984) e a novela *Novo amor* (1986). E passou pela Bandeirantes, com a minissérie *O cometa* (1989). Até voltar para a Globo em 1991.

"O Leblon de Manoel Carlos" existe, mas acrescido de ingredientes da ficção. Ele é um cruzamento de esquinas reais com um lugar mítico e só existe nos enredos. Maneco gosta de mencionar figuras do bairro nos diálogos, como o jornaleiro ou o dono da padaria, assim as gravações ali foram se tornando "acontecimentos". O público, curioso, passou a se aglomerar para acompanhar. Isso acabou causando transtornos para os moradores e até impulsionou o preço dos imóveis. A tal ponto que na novela *Em família* evitou as externas e usou ruas da região reproduzidas no Projac, os estúdios da Globo no Rio. Muitas atrizes sonharam ser "uma Helena de Manoel Carlos" (normalmente, também uma moradora do "Leblon de Manoel Carlos"). Ele tem, portanto, uma assinatura forte que o telespectador comum é capaz de reconhecer na primeira cena.

Suas histórias costumam retratar fatos prosaicos. Ao lado disso, há as notas dissonantes que fazem o público ficar incomodado, refletir e, eventualmente, se identificar com seus personagens. Foi o caso da mãe que troca seu filho vivo pelo bebê natimorto da filha em *Por amor* (1997); da avó malvada e arrogante que rejeita a neta com síndrome de Down em *Páginas da vida* (2006); ou da linda modelo que fica tetraplégica em *Viver a vida* (2009). Maneco também criou minisséries de sucesso, a mais popular delas, *Presença de Anita*, em 2001.

Manoel Carlos, em 2013, quando preparava a novela *Em família*.

Ivani Ribeiro, em 1982.

Ivani Ribeiro
Espiritualismo nas novelas

O pseudônimo foi escolhido depois de inúmeros e minuciosos cálculos e combinações de letras. Cleide Freitas Alves Ferreira era uma mulher supersticiosa e espiritualizada, e isso se refletiu em grandes sucessos que escreveu para a televisão, como *A viagem* (de 1975, que teve um remake em parceria com Solange Castro Neves em 1994). Ela foi pioneira, considerada uma das precursoras das novelas no Brasil. E uma campeã. Quando morreu, em 1995, aos 73 anos, contabilizava 39 títulos, um recorde. Entre os mais famosos estão *Meu pé de laranja lima* (1970), *Mulheres de areia* (1973, com Eva Wilma, e o remake de 1993, com Gloria Pires), *O profeta* (1977, na Tupi, e um remake na Globo em 2006) e *O espantalho* (1977, na TVS).

Ela criou o pseudônimo ainda aos 16 anos, para tentar emplacar versos de sua autoria numa rádio. Não teve sucesso na empreitada, mas logo se empregou na Rádio Educadora de São Paulo, interpretando canções folclóricas e sambas e imitando o estilo de Inezita Barroso. Ali acabou estreando como autora e fez sucesso com *Teatrinho de Dona Chiquita* e *As mais belas cartas de amor*, em que também atuou como radioatriz. Teve uma passagem pela Rádio Difusora e pela Bandeirantes, onde fez o *Teatro romântico*. Quando a TV Tupi foi inaugurada, na década de 1950, ela se transferiu para lá, já com um nome construído. Escreveu a série *Os eternos apaixonados* (1952) e depois, em 1963, a telenovela diária *Corações em conflito*. Passou a trabalhar na TV Excelsior na década de 1960. Em 1965, criou *A deusa vencida*, uma das grandes marcas da carreira de Regina Duarte.

Reclusa, dizem que gostava de manter o anonimato e nunca aparecia na TV Globo, para onde foi em 1982. Por conta disso, numa raríssima visita, acabou barrada pelo porteiro, que tinha certeza de que Ivani era nome de homem. Na Globo, criou *Final feliz* (1982, com José Wilker e Natália do Vale), *Amor com amor se paga* (1984), *A gata comeu* (1985), *Hipertensão* (1986), entre outras grandes tramas. Mas poucas delas tão lembradas quanto *A viagem* (1975 e 1994) e *Mulheres de areia* (1993). Ivani sabia contar histórias e, não à toa, era admirada por Janete Clair e por um público imenso.

Maurício Sherman
Mestre do show e do humor

Criador do *Zorra total* em 1999 e diretor do programa até 2014, Maurício Sherman esteve à frente de muitas outras atrações de humor e, por isso, é bastante lembrado por seu trabalho no gênero. O fato de ter lançado Xuxa, na TV Manchete, também marcou sua trajetória. Porém, figura da televisão desde 1952, quando chegou à TV Paulista, ele atuou em todas as frentes. Nascido em 1931, em Niterói, no Rio de Janeiro, formou-se em Direito no fim dos anos 1940. Antes mesmo de ingressar no curso da Universidade Federal Fluminense, contudo, já sabia de sua vocação para o teatro. Aos 13 anos, participava de peças amadoras em um clube judaico perto de casa. Foi quando entrou para o elenco da Rádio Mauá e, depois, para o da Rádio Guanabara. Lá, trabalhou com Chico Anysio, Fernanda Montenegro e Fernando Torres, entre outros. Em 1951, ganhou um prêmio de ator revelação no teatro e estreou na TV Tupi.

De lá, foi para a TV Paulista e, de volta à Tupi, em 1954, trabalhou como ator e diretor. Passou pela Excelsior até chegar à Globo, em 1965, para dirigir o *Espetáculos Tonelux*. Também conhecido como *Viva a música*, esse programa contou com grandes nomes da cena musical, como Clementina de Jesus, Isaac Karabtchevsky, Jacques Klein e Leny Andrade. Gravado como se fosse ao vivo no auditório da Globo, era apresentado por Marília Pêra, Gracindo Jr., Riva Blanche e Paulo Araújo. Em 1968, quando cuidava do *Noite de gala*, outra atração que fez história, transferiu-se para a Tupi, onde fez parte da equipe de criação junto com Oduvaldo Vianna Filho, Paulo Pontes e Armando Costa. Retornou à Globo em 1972, para comandar um dos mais bem-sucedidos programas humorísticos, o *Faça humor, não faça guerra*, que tinha como atrações Jô Soares, Renato Corte Real, Miele e Paulo Silvino, com quem, aliás, trabalhou muitas vezes depois. O show e o humor sempre estiveram presentes na trajetória de Sherman. Melhor dizendo, poucas atrações do gênero na TV brasileira não tiveram as mãos dele por trás. Passou ainda por *Fantástico*, *Chico Anysio show* e *Os Trapalhões*.

Com esse currículo recheado de sucessos, foi convidado por Adolpho Bloch em 1983 para dirigir a TV Manchete, então recém-inaugurada. Lá, atuou na dramaturgia e na linha de shows, mas será sempre lembrado pelo lançamento de Xuxa como apresentadora de programas infantis. E, depois que ela se transferiu para a Globo, por ter tido faro para descobrir outro talento longevo, Angélica.

Em 1988, novamente na Globo, passou pelo *Globo de Ouro* e voltou a comandar *Fantástico* e *Os Trapalhões*. Também dirigiu as vinhetas de ano-novo da emissora, que levaram figuras do elenco a se apresentarem exibindo talentos menos conhecidos, com a mensagem "Tente, invente, faça um 92 diferente". Até que, em 1999, criou o *Zorra total*.

Sherman, em 1983, quando era diretor do programa *Clodovil*.

Repórter Esso
Testemunha ocular da História

"Se o *Repórter Esso* não deu, não aconteceu." Durante os 18 anos em que foi exibido pela TV Tupi, entre abril de 1952 e dezembro de 1970, esse foi o slogan que acompanhou o telejornal mais popular da época. Ancorado pelo sucesso e pela credibilidade vindos do rádio, onde o *Repórter Esso* foi transmitido entre 1941 e 1968 – primeiro na Rádio Nacional e, a partir de meados dos anos 1960, pela Rádio Globo –, o telejornal orgulhava-se de nunca ter desmentido uma notícia. Dois slogans marcaram o programa: "Repórter Esso, o primeiro a dar as últimas" e "Repórter Esso, a testemunha ocular da História".

Assim como a versão radiofônica ainda é identificada por seu principal apresentador, Heron Domingues, a televisiva tem a cara de Gontijo Teodoro, que esteve à frente de *O seu Repórter Esso* (como o programa era chamado) praticamente desde o início – Luís Jatobá foi o primeiro apresentador, por um breve período. O telejornal entrava no ar com a vinheta "E atenção, muita atenção! Aqui fala o seu *Repórter Esso*, testemunha ocular da História", ao som da música composta pelo maestro Carioca e por Haroldo Barbosa, que também ficou gravada na memória dos telespectadores.

Em uma entrevista concedida poucos anos depois que o *Repórter Esso* saiu do ar, Gontijo Teodoro (1924-2003), que continuava a ser parado nas ruas pelo público saudoso, lembrou que ele entrava no ar de segunda-feira a sábado, às 20h, pontualmente. "Quando a Tupi atrasava, a Esso não pagava. Estava no contrato." Por causa dessa pontualidade, brasileiros esperavam o início do telejornal para acertar os relógios.

Parte importante da política de boa vizinhança empreendida pelos Estados Unidos a partir da Segunda Guerra Mundial, o *Repórter Esso* já existia nas rádios americanas desde 1935. Em 1941, chegou à Rádio Nacional, no mesmo esquema de patrocínio da empresa americana Standard Oil Company, aqui Esso Brasileira de Petróleo. No ano seguinte, 59 emissoras de rádio de 14 países das Américas – dos Estados Unidos ao Uruguai – transmitiam o programa, que tinha como objetivo ampliar a influência dos EUA na região por meio da propaganda. Era abastecido por uma das grandes agências de notícias de lá, a United Press International (UPI), e a maior parte do conteúdo era composta por novidades sobre o *american way of life*, política, guerras e cinema. Só interessavam notícias que tinham a ver com os Estados Unidos.

A Esso decidiu retirar o patrocínio da atração em 1970, deixando órfãos milhões de fãs. No último programa apresentado na TV, em 31 de dezembro daquele ano, foram lidas as principais notícias veiculadas pelo telejornal desde sua estreia, recurso esse também usado na emissão do programa final no rádio, em 1968, quando o locutor Roberto Figueiredo se emocionou e começou a chorar, tendo que ser substituído por alguns instantes pelo colega Plácido Ribeiro.

Gontijo Teodoro, apresentador do *Repórter Esso*, da TV Tupi, 1969.

Boni em sua sala na TV Globo, no Jardim Botânico, Rio de Janeiro.

Boni
Padrão de qualidade

A história de sucesso da TV Globo foi construída por muitos e importantes personagens. Alguns deles, entretanto, foram inegavelmente mais fundamentais na trajetória de transformação da emissora, que começou local, em 1965, para se tornar, poucos anos depois, uma poderosa rede. Um desses nomes é José Bonifácio de Oliveira Sobrinho, o Boni, que chegou à Globo em 1967, levado por outro ator importante dessa história, Walter Clark, a quem conhecia desde 1958. Por 31 anos lá permaneceu, à frente de mudanças e inovações que ajudaram a consolidar a liderança da emissora.

Nascido em 1935 em Osasco, São Paulo, numa família de músicos, ele cresceu dentro dos estúdios de emissoras de rádio. E, com a ideia de ingressar numa delas, mudou-se para o Rio de Janeiro, aos 15 anos, indicado por um tio para estagiar com Dias Gomes, na época diretor da Rádio Clube do Brasil. Pouco depois, fez curso na Rádio Roquette Pinto e, de lá, foi contratado como redator de um programa juvenil da Rádio Nacional, onde conheceu o radialista e jornalista Manuel de Nóbrega, que o levou para trabalhar com ele na filial da emissora em São Paulo. A passagem para a Rádio Tupi, em 1953, foi um passe para o trabalho na TV Tupi, onde atuou como diretor, produtor e redator. Da TV Tupi foi para a TV Paulista, em 1954, e desta para a Rádio Bandeirantes, para a qual voltaria em 1962, como diretor artístico.

Em 1955, ele assumiu a chefia do Departamento de Rádio e Televisão da agência de publicidade Lintas Propaganda e seu contato com o mundo da TV se estreitou. Por conta do trabalho na agência, conheceu, em 1958, na TV Rio, um jovem e promissor assistente comercial de 22 anos, Walter Clark. "Como eu tinha 23 anos, nos entendemos muito bem e imediatamente nasceu uma amizade", contou Boni em depoimento à revista *Época* em 2015. "Todas as vezes que eu vinha de São Paulo para o Rio, encontrava o Walter. Saíamos à noite para jantar e conversar sobre televisão. A Lintas havia me enviado aos Estados Unidos para um breve curso de televisão. Falávamos já naquele tempo da necessidade de uma rede nacional de emissoras e de um telejornal nacional. Ficávamos de bar em bar até o raiar do dia, falando como seria a televisão que gostaríamos de fazer. Abandonávamos nossas namoradas e, quando cobrados por elas, que achavam que estávamos na 'esbórnia noturna', explicávamos que estávamos sonhando com o futuro da televisão brasileira. Poucas acreditavam em nossa versão. Achavam uma desculpa esfarrapada. Na verdade, nossa grande namorada era a televisão."

Em 1963, Boni foi convidado por Clark, então já diretor-geral da TV Rio, para ser diretor artístico da emissora. Ali ambos tentaram implementar o projeto da rede, que não vingou. Depois de uma passagem pela TV Excelsior, em 1966, foi chamado por Clark para integrar a equipe da Globo, então com um ano de existência. Boni, porém, sempre de olho no sonho da rede, já se comprometera com a TV Tupi, que o contratara para criar o Telecentro, uma produtora de programas de abrangência nacional que seria responsável pelo fornecimento de conteúdo para as associadas da emissora de Assis Chateaubriand. "O projeto, apesar do êxito artístico e da audiência, acabou morrendo aos poucos", contou Boni.

O sonho de fazer uma televisão em rede era o mesmo de Roberto Marinho, que, na década de 1950, visitando os Estados Unidos, viu todas as possibilidades que emissoras em diferentes estados, interligadas por satélite, poderiam gerar. Em março de 1967, conforme prometera a Clark, Boni chegou finalmente à TV Globo. "Eu encontro a TV Globo como uma coisa estranha, que nada tinha a ver com televisão. (...) A primeira coisa que vimos foi um ambiente extremamente sério, muito profissional, mas muito pouco criativo", contou ele em depoimento ao projeto Memória Globo. Os desafios eram muitos – a Globo ainda era uma emissora local, normalmente ficando atrás, em termos de audiência, de Tupi, Excelsior e Rio –, mas Boni conta que ele e Clark tiveram carta branca de Roberto Marinho e, mais que isso, parceiros importantes, como Joe Wallach, Ulisses Arce, Armando Nogueira, Daniel Filho, Alice-Maria Reiniger, Walter Avancini, Janete Clair e Dias Gomes, entre muitos outros.

Com Jô Soares, em sua festa de 30 anos de carreira, em 1982.

Num estúdio, acompanhando de perto uma gravação, em maio de 1981.

"Nas discussões iniciais sobre a estratégia a ser adotada, fiz uma colocação ao Walter: o risco é muito grande e não podemos mais pensar na televisão como uma namorada, agora é casamento", lembrou ele à revista *Época*. O casamento foi frutífero. Em 1969, com a inauguração do sistema de micro-ondas da Embratel, Boni e Clark finalmente concretizaram o sonho de uma televisão em rede com a estreia, em setembro daquele ano, do *Jornal Nacional*. Foi o primeiro telejornal do país a ser transmitido em rede. "Havíamos prometido ao doutor Roberto que em cinco anos assumiríamos a liderança nacional. Mas aconteceu muito antes disso. Em 1969, dois anos depois, tínhamos a liderança no Rio. Em 1970, três anos depois, tínhamos a liderança nacional", contou ele no mesmo depoimento à revista.

Boni também foi o responsável pela renovação do estilo das novelas da Globo, que, até 1969, com a presença da autora cubana Glória Magadan, exibia basicamente folhetins inspirados em tramas clássicas da literatura, passadas em épocas e países distantes. Com o aval de Clark e a parceria do diretor Daniel Filho e dos autores Janete Clair e Dias Gomes, ele imprimiu um estilo mais realista, moderno e dinâmico à teledramaturgia global, conquistando o público.

A dupla Clark-Boni foi desfeita em 1977, com a saída do primeiro da casa. Desde 1970, porém, Boni já era o homem forte da emissora, no cargo de superintendente de produção e programação, e durante muitos anos continuou responsável por todas as áreas da Globo. Em 1980, virou vice-presidente de operações e, em 1997, ao ser substituído por Marluce Dias da Silva, passou a atuar, até 2001, apenas como consultor da emissora. Em 2003, tornou-se sócio, com os filhos, da TV Vanguarda, afiliada da Globo no interior de São Paulo.

Chacrinha
Rei da comunicação

"Alô, Terezinha!", "Vocês querem bacalhau?", "Vai para o trono ou não vai?", "Quem não se comunica se trumbica". Fenômeno da comunicação de massa no Brasil, Chacrinha, nascido José Abelardo Barbosa de Medeiros em Surubim, Pernambuco, em 1917, era o rei dos bordões e sempre sacava algum do bolso de suas fantasias coloridas e espalhafatosas para animar a plateia. Debochado, anárquico, genial, começou a carreira aos 18 anos, numa rádio em Recife, e, no Rio de Janeiro, aonde chegou em 1939, tornou-se um sucesso em pouco tempo. Trabalhou na Rádio Vera Cruz e na Rádio Tupi em 1940, mas o apelido que o seguiria por toda a vida veio em 1943, quando apresentava, na Rádio Clube de Niterói, o programa *Rei Momo na chacrinha*, batizado a seguir como *Cassino da chacrinha* e, finalmente, *Cassino do Chacrinha*. Nascia ali um mito, que também tinha como lema outro bordão: "Eu vim para confundir, não para explicar."

Sua presença nas rádios, o grande veículo de comunicação da época, durou até 1956. Em seus programas ele já apresentava uma característica que levaria para a TV, onde estreou no mesmo ano em *Rancho Alegre*, na Tupi: o de descobridor e incentivador de talentos. No rádio lançou, por exemplo, "Estúpido cupido", com Celly Campelo. Na TV ele abriu generoso espaço para os representantes da Tropicália e da Jovem Guarda – em sua passagem pela TV Excelsior, chegou a coroar Roberto Carlos como Rei da Juventude, em 1966. Nos anos 1980, o rock nacional, da Legião Urbana à Blitz, teve uma grande vitrine no palco do Velho Guerreiro (aliás, um apelido carinhoso dado por Gilberto Gil e imortalizado na música "Aquele abraço").

A *Discoteca do Chacrinha* nasceu como um quadro dentro do *Rancho Alegre* e depois ganhou vida própria. Como "na TV nada se cria, tudo se copia", outra de suas frases bastante conhecidas, Chacrinha foi levando para a TV Excelsior e mais tarde para a TV Rio tanto a *Discoteca* quanto *A hora da buzina*, seu programa de calouros. Em 1967, ele chegou à TV Globo, onde comandou simultaneamente, até 1972, a *Discoteca do Chacrinha* e a rebatizada *Buzina do Chacrinha*. Com um abacaxi na mão e uma buzina na outra, ele fazia a alegria ou o terror dos aspirantes a artista, contando com a participação de jurados que também ficaram na memória dos telespectadores, como o ranzinza Pedro de Lara, a exigente Aracy de Almeida e a gentilíssima e extravagante Elke Maravilha. Ela botava todo mundo no trono e chamava carinhosamente cada calouro de "criança" e Chacrinha, de "painho".

E como não se recordar das chacretes, as bailarinas que também funcionavam como assistentes de palco, fazendo a alegria dos calouros e do público? Rita Cadillac talvez seja a mais lembrada, mas foram muitas, como Fátima Boa Viagem, Índia Potira e Sandra Pérola Negra. O programa chegou a ter problemas com a censura, que não queria que as câmeras focalizassem os corpos delas. Além disso, o próprio Chacrinha, conhecido pela

Com buzina e figurino completo no seu programa na Bandeirantes, em 1979.

Na Globo, em 1983, na época do *Cassino do Chacrinha*, com seu time de chacretes.

irreverência e pela impertinência verbal – não tinha o menor pudor de ironizar os calouros ou os participantes dos vários concursos que promovia, como o garçom mais bonito ou a empregada doméstica mais bonita –, também foi pressionado em algumas ocasiões para reduzir as frases de duplo sentido. Estas eram lançadas a qualquer momento durante o programa e ajudaram a popularizar as famosas marchinhas de carnaval que criou, ao lado de parceiros diversos, como "Maria Sapatão" e "Bota a camisinha".

Em 1972, Chacrinha deixou a Globo porque Boni, então diretor de produção, o considerava popularesco demais. Foi para a TV Tupi e depois para a Bandeirantes. Voltou à Globo em 1982, numa autocrítica de Boni, para comandar, nas tardes de sábado, o *Cassino do Chacrinha*, que misturava show de calouros e atrações musicais. O programa ficou no ar até o dia 2 de junho de 1988. Já debilitado pelo câncer de pulmão, que o deixou afastado algum tempo do *Cassino*, Chacrinha morreu pouco depois, em 30 de junho, aos 70 anos.

Walter Clark
Gênio precoce

Não por acaso, Walter Clark foi considerado um "menino prodígio" da TV. O paulista nascido em 1936, que se mudou com a família para o Rio ainda criança, ingressou na primeira emissora de sua carreira televisiva com apenas 20 anos. Era 1956 quando ele chegou à TV Rio no papel de assistente comercial, função aprimorada em sua passagem anterior pela área publicitária. Nos primórdios da TV no Brasil, Clark – que começou a trabalhar aos 16 anos na Rádio Tamoio, de Assis Chateaubriand, como auxiliar e secretário do radialista Luís Quirino – desenvolveu seu talento passando por diversas funções na TV Rio. Lá, tornou-se executivo e levou a emissora a liderar o mercado com 20% de audiência, à frente da Excelsior e da Tupi. Menos de dez anos depois, em dezembro de 1965, ingressou na então recém-criada TV Globo, o que mudou a história de ambos.

Jovem, com 29 anos, Clark foi levado por Roberto Marinho para ser diretor-executivo da casa, com as tarefas de mexer na programação e no setor comercial. Na época, a Globo era incipiente, "praticamente ignorada" pelo público, como lembrou, em depoimento ao projeto Memória Globo, o jornalista Armando Nogueira (1927-2010). Ele era amigo de Clark, com quem já trabalhara na TV Rio e que o convidaria a se juntar ao grupo global em 1966.

Foi numa grande tragédia ocorrida pouco depois de sua chegada ao canal que Clark usou seu tino jornalístico, sem ser jornalista,

O menino prodígio, que foi diretor da Globo aos 29 anos, numa foto de 1983.

para perceber a hora da virada. Durante a grande enchente que assolou o Rio de Janeiro em 1966, na qual morreram mais de 300 pessoas na capital depois de cinco dias seguidos de pesadas chuvas, ele mandou para as ruas equipes de repórteres com câmeras de 16mm para documentar incessantemente a devastação e seu impacto no cotidiano das pessoas. O resultado foi imediato. A população se via refletida ali, nas telas de TV, com todos os problemas causados pelas tempestades. A emissora liderou uma campanha

Walter Clark com o equipamento dos estúdios da TV Globo e seu antigo logotipo, nos anos 1970.

de solidariedade, a SOS Globo, recolhendo donativos e prestando um serviço essencial e ininterrupto de informação àqueles transtornados pela tragédia.

"Faço uma reflexão simbólica. Foi ali que Walter Clark iniciou a interação, a identificação da TV Globo com a cidade do Rio de Janeiro. E sobretudo nesse gesto de grande acuidade que foi transformar uma imagem no ícone de uma desgraça", detalhou Nogueira, referindo-se a uma outra iniciativa de Clark, a de focar uma câmera numa cascata, formada pelas chuvas, que caía de um morro atrás da emissora no Jardim Botânico. Aquela cachoeira virou o símbolo da campanha em 1966, porque era como um pluviômetro: se a água descia forte, era sinal de que a tragédia estava longe do fim.

Um dos méritos do executivo era cercar-se de talentos reconhecidos. Na Globo, não foi diferente. Em 1967, Clark levou para lá outro nome que se ligaria profundamente à história da construção da emissora, José Bonifácio de Oliveira Sobrinho, o Boni, amigo dos tempos do mercado publicitário e também colega de trabalho na TV Rio, em 1963. Ambos foram responsáveis por estruturar a grade do horário nobre, até hoje em vigor. Um modelo formado pela apresentação de três novelas, com um jornal – no caso, o *Jornal Nacional*, outra das ideias de Clark, implementada por Armando Nogueira – exibido entre a segunda e a terceira, além de uma atração especial vindo logo depois. A estratégia se revelou um sucesso numa época em que as emissoras ainda não tinham uma programação muito fixa – essa irregularidade confundia e afastava os telespectadores. Em poucos anos, a Globo começou a liderar a audiência. A estruturação e a modernização do núcleo de novelas e o lançamento do *Fantástico* e do *Globo Repórter*, entre outros programas, também estão entre os acertos da dupla.

Em 1977, após desentendimentos, Clark saiu da Globo. Chegou a atuar como produtor de cinema – "romanticamente", como ele disse numa entrevista – em produções como *Bye bye Brasil*, de Cacá Diegues (1979), e *Eu te amo*, de Arnaldo Jabor (1980). Contudo, logo voltaria a se envolver com o mundo da televisão, embora sem sucesso. Em 1981, foi convidado para ocupar o cargo de diretor-geral da Bandeirantes, o que durou um ano. Em 1988, voltou à ressuscitada TV Rio (a emissora fora extinta anos antes), mas permaneceu durante pouquíssimo tempo. Em 1991, ele lançou *O campeão de audiência* (1991), biografia que gerou muita controvérsia ao contar as histórias de sua vida na TV, em que criticava inclusive velhos amigos, como Boni e Armando Nogueira. Clark, que namorou as mais belas mulheres de sua época e foi casado quatro vezes (em uniões que lhe deram cinco filhos), morreu em 1997, aos 60 anos, vítima de um enfarte.

Almoço com as estrelas
Mesa farta

Durante quase 30 anos um casal reinou absoluto na arte de receber convidados na TV. À frente do programa *Almoço com as estrelas* desde 1957 – a atração durou até 1980, na TV Tupi, e até 1984 no SBT, depois de uma breve passagem pela Record –, Airton Rodrigues e Lolita Rodrigues dividiram os garfos com nomes como Elis Regina, Cauby Peixoto, Caetano Veloso, Gal Costa, Maysa, Dolores Duran e Jair Rodrigues, muitos ainda em início de carreira. Além de músicos, passaram por lá atores e personalidades de outras áreas, como políticos e esportistas (Pelé e Garrincha entre eles). Ao redor de uma grande mesa, os convidados de fato almoçavam enquanto conversavam com o casal. E, claro, cantavam e apresentavam seus trabalhos.

O programa, o primeiro em cores da TV Tupi, era baseado num similar argentino e foi inicialmente transmitido no Brasil pela Rádio Difusora. O idealizador e produtor Lorenzo Madrid levou a ideia a Cassiano Gabus Mendes, então diretor artístico da TV Tupi, que estranhou o modelo e acreditou que não duraria mais que três meses no ar, porém apostou assim mesmo no projeto, um dos mais longevos da TV brasileira. "Ele achava que mostrar pessoas comendo era feio", lembrou Airton Rodrigues num programa comemorativo do *Almoço*, em 1983. Airton, à época crítico de rádio e TV dos Diários Associados e assessor de Assis Chateaubriand, não foi o primeiro apresentador da atração, que em São Paulo começou com J. Silvestre, seguido por Ribeiro Filho. Só depois ele assumiu, com Lolita, o comando do programa paulista. Ainda não havia transmissão em rede, e a TV Tupi do Rio tinha Aérton Perlingeiro à frente do encontro. Quando as transmissões foram unificadas, Airton e Lolita passaram a ser vistos em todo o país nos almoços de sábado.

A parceria de um longo casamento, realizado no início dos anos 1950, era um ponto positivo. Descontraídos, seguros e extremamente simpáticos, Airton e Lolita – que

Lolita Rodrigues e Airton Rodrigues na TVS (atual SBT), em 1982.

Lolita e Airton apresentando o *Almoço com as estrelas* junto a mesa de convidados.

também apresentaram juntos na mesma Tupi um programa semelhante, *Clube dos artistas* – passavam para o telespectador a imagem de estar recebendo amigos na própria casa. Atriz e cantora, Lolita, hoje longe das telinhas, tem sua história ligada ao próprio nascimento da TV: foi ela quem cantou, na inauguração da Tupi em 1950, o "Hino da televisão brasileira", composto especialmente para a ocasião. A tarefa caberia a Hebe Camargo, grande amiga de Lolita, que preferiu comparecer a um compromisso com o namorado.

Foram milhares de almoços estrelados durante a trajetória do programa, que ficou sem Lolita durante alguns anos para que ela se dedicasse às novelas. Em 1982, depois de 30 anos de casamento, Airton e Lolita se separaram. Apesar do fim doloroso da relação (Airton se apaixonou por uma mulher muito mais jovem), eles ainda mantiveram o *Almoço com as estrelas*, já no SBT, por algum tempo. Na hora de entrar no ar o profissionalismo vencia e o que o público via era o mesmo casal sorridente de sempre. Aos poucos, porém, o clima ficou difícil e o fim do programa foi inevitável. Airton, que morreu em 1993, tentou fazer um novo *Almoço com as estrelas* pela SP Sul TV em 1991, mas o projeto não emplacou.

Chico Anysio
Um criador, um ator e mil personagens

Ele foi um mestre no mais amplo sentido. Primeiro, no literal: ocupou, a partir de 1952, na Rádio Mayrink Veiga, a cadeira do Professor Raimundo de sua *Escolinha*, um dos programas mais longevos da televisão. E, depois, pelo legado imenso que deixou para as novas gerações do humor quando morreu, em 2012, aos 80 anos. Chico Anysio era uma multidão de mais de 200 personagens, resultado de sua antena única para perceber as particularidades humanas e subir um ou dois tons, agravando a caricatura. Sua criatividade descia aos detalhes de voz e figurino. Cada tipo era a expressão de sua extrema sensibilidade para captar detalhes do comportamento humano. Foi assim com Alberto Roberto, até hoje a mais perfeita tradução de um ator canastrão. Com Bozó, que segue como sinônimo daquele funcionário com profundo orgulho da empresa em que trabalha e que vira o rei da carteirada. Com o político corrupto Justo Veríssimo. E, claro, com o Professor Raimundo, que eternizou o gesto de aproximar do polegar o indicador ao lançar seu bordão: "E o salário, ó..." Chico criava e atuava. Foi um artista completo.

Foram 65 anos de carreira, iniciada quando ainda era garoto, fazendo imitações em concursos na Rádio Nacional. Até que, aos 17 anos, foi levado pela irmã, Lupe Gigliotti, a um teste na Rádio Guanabara. Ganhou o emprego, mas ficou em segundo lugar, perdendo para Silvio Santos. Na série *Depoimentos para a posteridade*, do Museu da Imagem e do Som, Chico relembrou assim esse momento: "Eu era galã de rádio por conta da minha voz.

O Professor Raimundo da *Escolinha*, em 1993. O personagem voltou à cena em 2016, no Canal Viva e na Globo, e com Bruno Mazzeo no papel criado pelo pai.

Como Salomé, de *Chico City*, em 1979. Em plena ditadura militar, a personagem aparecia sempre ao telefone, falando com João Batista, uma alusão a João Figueiredo, então presidente do Brasil.

O inesquecível Coalhada, o craque de *Chico City*, em 1977.

Um dia, escrevi três ideias para programas de humor. Em outro, emiti opiniões sobre futebol e fui chamado para comentar um jogo. Com três semanas de rádio, eu já tinha quatro profissões, contando com a de redator. Assim foi o meu começo." Dali, pulou para a linha de shows, onde trabalhou com Grande Otelo e Nádia Maria. Em 1949, transferiu-se para a Rádio Mayrink Veiga, onde chegou a escrever 13 programas por semana. Quando a *Escolinha* surgiu, a quatro mãos, com Haroldo Barbosa, em 1952, seus parceiros na sala de aula eram Afrânio Rodrigues (o que sabia tudo), João Fernandes (o que não sabia nada) e Zé Trindade (o que embromava). "A *Escolinha* foi de fato a minha revelação. Graças a ela, comecei a ter visibilidade. Foi a primeira vez que minha foto saiu numa revista", disse ele ao projeto Memória Globo. Logo a atração tornou-se o maior sucesso da rádio.

Em 1957, a convite de Walter Clark, foi para a TV Rio, para onde levou, como diretor da linha de shows, *Noites cariocas*, *O riso é o limite* e *Praça da Alegria*. Depois, passou pela Excelsior e pela Record, sempre com quadros de humor e engordando, a cada novo programa, a sua lista de personagens. Em 1962, dirigido por Carlos Manga, fez o *Chico Anysio show*, na TV Rio, usando pela primeira vez o videoteipe.

Ele se mudou para a Globo em 1969 e estreou no ano seguinte o mensal *Chico Anysio especial*, dirigido por Daniel Filho. Em entrevistas que deu mais tarde, Chico diria que o formato "foi a base de tudo o que faria na televisão depois", de *Chico City* (1973) a *Chico Anysio Show*, passando por *Chico total* (1981) e *Escolinha do Professor Raimundo* (1990). A presença do humorista segue na televisão, entre outras razões, com o revival da *Escolinha*, resultado de uma parceria do Canal Viva com a Globo. No papel-título, na cadeira do professor, senta-se agora Bruno Mazzeo, seu filho.

Ao lado, como Justo Veríssimo, em *Chico Anysio show*, em 1987. Abaixo, numa gravação de *Chico City* no Teatro Fênix, em 1974.

Fernando Barbosa Lima
Cérebro e coração

Reza a lenda que Fernando Barbosa Lima criou mais de cem programas na carreira, que começou em meados da década de 1950, na TV Rio, e seguiu até sua morte, em 2008. Lenda corroborada por ele em várias entrevistas e que vinha seguida de um proposital "mas nem eu me lembro de todos eles". Seja essa conta exata ou não, a lista é de fato comprida. Ainda na emissora carioca, em Copacabana, no Posto 6, ele participou da equipe do *Noite de gala* e criou *Preto no branco* (1957), *Em poucas palavras* (1958), ambos apresentados por Sargentelli, e *Depois do sol* (1958), comandado por Ibrahim Sued. Jornalista, produtor e diretor, achava que a televisão "é o veículo de comunicação mais poderoso da história da humanidade". Mesmo que a frase pareça datada em tempos de internet, a TV foi de fato a mais importante mídia da época de Fernando Barbosa Lima. E ele representou um personagem-chave na sua construção.

O caráter pioneiro da TV Rio permitia aprender experimentando. Barbosa Lima chegou lá aos 22 anos, quando a emissora tinha só duas câmeras. "Foi assim que descobri o que era televisão", declarou mais tarde. Depois, partiu para a Excelsior, onde criou o *Jornal de Vanguarda*, em 1963. Era uma revista eletrônica, com estrelas das redações. Borjalo, Sérgio Porto, Millôr Fernandes, Newton Carlos, Villas-Boas Corrêa e outros passaram por lá. Depois do golpe militar, o programa entrou numa fase de latência, ressurgindo mais tarde na Tupi como *Abertura*. A exemplo de tudo o que levava sua assinatura, tinha uma linguagem própria: a câmera se interessava pelo personagem, não pelo fundo. Os planos eram fechados e o Brasil, suas figuras ilustres e cabeças pensantes ganhavam voz, eram o centro das atenções. Quando decidiu encerrar o semanal, partiu para outra aventura que deixou sua marca: o *Canal livre*, na TV Bandeirantes. A parceria de muitos anos com Roberto D'Avila rendeu um dos mais importantes programas de nossa televisão e pai da "conversa olho no olho", ainda hoje tão presente: o *Conexão internacional*. A atração viajou o mundo e exibiu entrevistas com políticos e astros do cinema e da música. Ainda na emissora, inventou o *Cara a cara*, com Marília Gabriela (em 1984), um formato que se misturou à própria carreira da jornalista.

Depois, passou pela TVE e pela Manchete. Nos anos 1980, o homem que defendia que a televisão deve "ter cérebro e coração" criou sua produtora independente, a Intervídeo, em sociedade com Walter Salles e Roberto D'Avila. Assim, sua presença alcançava até os modelos de produção.

Em 1988, entre fitas de gravação do *Jornal de Vanguarda*.

Flávio Cavalcanti
Maestro das polêmicas

Dono de uma personalidade forte e de opiniões polêmicas, das quais se orgulhava, o jornalista e apresentador Flávio Cavalcanti marcou a TV brasileira à frente de vários programas. E o que projetou para a fama o carioca nascido em 1923 foi *Um instante, maestro!*, que estreou na TV Tupi do Rio em 1957 e no qual ele comentava discos e músicas lançados naquela semana. Quando achava ruim, Flávio, que já trabalhara como crítico musical nas rádios Mayrink Veiga e Tupi alguns anos antes, simplesmente quebrava os discos, sapateava sobre eles e os jogava no lixo. Tirando e colocando energicamente os óculos, gesto teatral pelo qual se tornou conhecido, não economizava palavras duras, comprava muitas brigas e fazia muitos inimigos. Num outro gesto que também imortalizou, levantava o dedo e chamava: "Nossos comerciais, por favor!".

Em 1965, o apresentador levou *Um instante, maestro!* para a TV Excelsior e promoveu nele uma pequena revolução, que viria a influenciar muitos outros programas: criou um corpo de jurados para julgar as músicas e intérpretes. Em 1967, ele voltou à TV Tupi para apresentar atrações como *Sua Majestade é a lei* e *A grande chance*, na qual um júri avaliava artistas então em início de carreira, como Emílio Santiago, Leci Brandão e Alcione. Neste e em seus programas posteriores, Flávio – ele também compositor esporádico, amigo de diversos músicos, como Dolores Duran, que dele gravou a música "Manias" – teve como jurados Leila Diniz, Osvaldo Sargentelli, Nelson Motta, Danusa Leão, Marisa Urban e outros. Em 1970, estreou na mesma Tupi a atração que levava seu nome.

Conservador, Flávio foi identificado como apoiador da ditadura militar, embora tivesse escondido em sua casa em Petrópolis Leila Diniz, perseguida pelo regime logo depois da famosa entrevista repleta de palavrões que deu ao jornal *O Pasquim*, em 1969. Em 1973, a Censura tirou do ar seu programa por dois meses, depois que ele mostrou a história de um homem que, ao ficar impotente, supostamente havia "emprestado" a mulher ao vizinho. Narrativas sensacionalistas como essa, aliás, eram bastante exploradas por Flávio – que também teve em seu currículo entrevistas notórias com o político Tenório Cavalcanti, com quem se desentendeu; o presidente americano John F. Kennedy; e o Papa Paulo VI –, causando muitos problemas com a Censura. Por outro lado, o sensacionalismo e até sua agressividade ao comentar de forma contundente assuntos diversos serviram para consagrá-lo diante do público: nos anos 1970, chegou a atingir incríveis 72 pontos de audiência.

O apresentador entrou e saiu, nem sempre tranquilamente, de diversas emissoras. O *Programa Flávio Cavalcanti* ficou no ar na Tupi até 1976, quando ele foi para a TVS do Rio, onde reeditou *Um instante, maestro!*. Em 1978, voltou à Tupi com o programa que levava seu nome e lá permaneceu até 1980,

No *Boa noite, Brasil*, da Rede Bandeirantes, em 1982.

quando a longa crise da emissora o tirou do ar. Em 1982, na Bandeirantes, esteve à frente do *Boa noite, Brasil*. Em 1983 chegou ao SBT, onde permaneceu até sua morte, em maio de 1986. Durante o programa do dia 22, ele fez o famoso gesto de chamar os comerciais, passou mal e não voltou após o intervalo. Com problemas cardíacos, foi levado para um hospital, onde morreu quatro dias depois.

Ainda na TV Rio, em 1960, a *Praça* reuniu Manuel de Nóbrega, ao centro; Moacyr Franco, atrás; e Jorge Loredo, à direita.

Praça da Alegria
Encontro do humor brasileiro

A praça é mesmo do povo, já diz o ditado, e naquela, cenário da intitulada *Praça da Alegria*, nunca faltou diversão para o público. Um dos humorísticos icônicos, e dos mais longevos, da TV no país, a *Praça* foi criada por Manuel de Nóbrega e teve como primeiro endereço a TV Paulista, em 1957. O formato se manteria inalterado nas décadas seguintes, quando o programa se mudou para a TV Rio (1958), depois para a TV Record (entre 1963 e 1970), TV Globo (entre 1977 e 1978), Rede Bandeirantes (1987, como *Praça Brasil*) e, finalmente, para o SBT (também em 1987, agora sob o nome *A praça é nossa*, comandado até hoje por Carlos Alberto de Nóbrega, filho de Manuel). Personagens engraçados, representantes de várias regiões e estratos sociais do país, passavam pelo banco da praça, sob o olhar atento de Nóbrega.

A Velha Surda (Rony Rios), que entendia os maiores absurdos durante suas conversas com Apolônio (Viana Júnior); Cremilda (Consuelo Leandro), a esnobe que se gabava do marido Oscar "poooodre de rico!"; a jornaleira desbocada Catifunda (Zilda Cardoso); ou ainda o atrapalhado garoto Pacífico (Ronald Golias), que imortalizou o bordão "Ô Cride, fala pra mãe!!" – citado anos depois em música dos Titãs –, são alguns dos inesquecíveis tipos criados pelo humorista. Ele também foi jornalista, empresário e deputado estadual por São Paulo.

Ronald Golias, Manuel de Nóbrega e Carlos Alberto de Nóbrega na TV Rio, em 1960.

Nóbrega esteve à frente da atração até 1970. Em 1977, um ano após sua morte, a TV Globo trouxe o programa de volta, tendo como ocupante do banco Luiz Carlos Miele. A exemplo de Nóbrega, ele se aboletava na praça e tentava ler seu jornal em paz. Não conseguia, claro. Exibida nas tardes de domingo, a *Praça* foi dirigida primeiramente por Mário Lúcio Vaz e depois por Carlos Alberto Loffler. Teve como redatores Arnaud Rodrigues, Marcos César e Wilson Vaz, com redação final de Carlos Alberto de Nóbrega. Mesmo após alguns anos fora do ar, os tipos criados lá no início alegravam o público com o fôlego de sempre. E a eles se juntaram alguns outros, como Didi, Mussum, Dedé Santana e Zacarias (não como Zacarias, mas como o Garçom Moranguinho), trapalhões que ganharam naquele mesmo ano o próprio programa na emissora. Jô Soares (Alemão), Tutuca, Moacyr Franco e Kate Lyra são outros que passaram pelo cenário.

O tema de abertura, "A praça" ("A mesma praça/ O mesmo banco/ As mesmas flores/ O mesmo jardim"...), música de Carlos Imperial gravada por Ronnie Von nos anos 1960, foi usado de distintas maneiras em diversas versões do humorístico e permaneceu na memória dos telespectadores.

Rony Rios no papel da Velha Surda, já no SBT, em dezembro de 1988.

Betty Faria
Dos musicais às novelas

Bailarina clássica por formação, Betty Faria queria mesmo era ser atriz. Então enxergou na audição para integrar o corpo de baile do *Noite de Gala*, na TV Rio, em 1959, uma maneira de entrar para o mundo da televisão. Chegou munida de suas sapatilhas de ponta e de uma malha com tutu. E logo ouviu do diretor, Geraldo Casé, que estava aprovada. Mas não seriam aqueles o figurino e o calçado. Assim, a filha do severo militar Marçal Faria estreou, dançando ao vivo, usando, nas palavras dela, "um maiô cavadíssimo". A família, de início, reagiu mal, mas acabou apoiando a vocação de Betty, que foi emancipada para poder viajar fazendo shows. Ainda na TV Rio, no ano seguinte, estreou em novelas, em *Os acorrentados*, ao lado de Leila Diniz, Leonardo Villar e Dina Sfat, dirigida por Daniel Filho, que mais tarde se tornou seu marido. Foi a última novela que fez na TV Rio, que, com problemas financeiros sérios, pagou o elenco com eletrodomésticos. Ela então se transferiu para a Globo, onde ficou por muitas décadas e estrelou grandes sucessos.

Em 1965, participou dos primórdios da emissora, com *Dick e Betty 17*, um musical em que dividia a cena com Dick Farney. Ele tocava piano e ela cantava, dançava e sapateava, muitas vezes em cima do instrumento. Além dos números musicais, eles interpretavam vizinhos de porta que mantinham um relacionamento amoroso. O "17" do título era uma referência ao endereço. O programa durou menos de um ano, mas Betty foi

Betty Faria, no início da carreira na TV Globo.

notada. E convidada para estrelar *A última valsa*, novela de Glória Magadan que tinha no elenco Cláudio Marzo, que foi seu marido, e Norma Blum. Depois, veio *Rosa rebelde* (1969), de Janete Clair, autora responsável por muitos dos sucessos da atriz, como *Véu de noiva* (1969) e *O homem que deve morrer* (1971), entre outros. Foi Janete quem também, mais tarde, escreveu um dos papéis mais marcantes da carreira de Betty, a Lucinha de *Pecado capital* (1975).

A atriz participou de inúmeras tramas, de quase todos os autores importantes da televisão – como *Água viva* (1980), de Gilberto Braga. Dois nomes, entretanto, tiveram mais

Com José Mayer, em *Tieta*, novela de Aguinaldo Silva, Ana Maria Moretzsohn e Ricardo Linhares, da Globo, 1989.

Reginaldo Faria com Betty, que vivia Lygia em *Água viva*, novela de 1980 da Globo.

presença em sua trajetória: Janete e Aguinaldo Silva. Ela diz que gosta de interpretar tipos populares. É grata a Aguinaldo por *Tieta* (1989) e por sua personagem em *Suave veneno* (1999), uma dona de casa que levava uma vida dupla. E gosta de lembrar de *Bandidos da Falange* (1983), minissérie dele que era gravada no subúrbio carioca de Coelho Neto, e durante a qual, por causa da precariedade das condições na locação, onde não havia banheiro, numa ocasião precisou fazer xixi numa lata de Nescau, dentro de uma Kombi. Na produção, ela contracenava com aquele que foi seu par mais constante na televisão e também no cinema, José Wilker.

Betty esteve no SBT em 2010, quando participou de *Uma rosa com amor*. E depois voltou para a Globo.

Glória Menezes
Estrela desde a estreia

Ela foi batizada Nilcedes Soares Guimarães quando nasceu, em 1934, no Rio Grande do Sul. Como o marido, Tarcísio Meira, escolheu um nome artístico que somasse 13 letras, "para dar sorte". Não foi preciso superstição alguma, apenas talento, para que a carreira de Glória Menezes deslanchasse desde o início, na Escola de Arte Dramática da USP. Ela conquistou prêmios no teatro, onde começou com Antunes Filho. E se tornou uma estrela em 1962, quando o filme *O pagador de promessas*, dirigido por Anselmo Duarte e estrelado por ela e por Leonardo Villar, ganhou a Palma de Ouro em Cannes. Não era pouco. Pouco, ela acreditava quando começou na Tupi, em 1959, era trabalhar na televisão. "Não achávamos que fosse dar certo, éramos contra as novelas. Fazíamos peças em grandes teatros, teatros de vanguarda. Mas logo percebemos que a TV atraía imensas plateias e que isso era bom", lembra. A estreia na emissora do grupo de Assis Chateaubriand foi com a novela *Um lugar ao sol*, de Dionísio Azevedo. Depois dela, vieram algumas outras, entre as quais *Uma Pires Camargo*

Com Tarcísio Meira em *Irmãos Coragem*, uma das mais importantes novelas de Janete Clair na Globo, em 1970.

A capa da revista *Intervalo*, com Edson França e Glória Menezes, em 8 de agosto de 1965. Eles estrelavam a novela *A deusa vencida*, na TV Excelsior.

Quando gravava *Cavalo de aço*, de Walther Negrão, na Globo, em 1973. Ziembinski, Mário Lago e Tarcísio Meira também estavam no elenco.

(1961), em que conheceu Tarcísio, com quem se casou e formou par inúmeras vezes na televisão. Na Excelsior, fizeram a primeira novela diária da nossa TV, *2-5499 Ocupado*, além de *A deusa vencida* (1965) e *Almas de pedra* (1966), ambas de Ivani Ribeiro.

Já conhecida do público e adorada por ele, foi para a Globo em 1967 estrelar *Sangue e areia*, de Janete Clair. Eram os primórdios de uma parceria que foi muito duradoura e se repetiu dois anos mais tarde em *Rosa rebelde*. Mas um dos trabalhos mais lembrados da dupla foi em 1970 – *Irmãos Coragem*. Na trama, ela tinha três personalidades – Lara, Diana e Márcia. O público delirava com a criatividade de Janete e a versatilidade de Glória. Foram numerosas novelas na emissora, entre as quais *Jogo da vida* (1981) e *Guerra dos sexos* (1983), de Silvio de Abreu; *Brega & chique* (1987), de Cassiano Gabus Mendes; e *Rainha da sucata* (1990), também de Silvio. Em *Senhora do destino* (2004), de Aguinaldo Silva, interpretou uma mulher que sofria de doença de Alzheimer, um trabalho que considera marcante. E brilhou em *A favorita* (2008), de João Emanuel Carneiro, como uma milionária que era enganada pela ex-nora, Flora (Patrícia Pillar).

Tarcísio Meira
Galã e grande ator em uma só pessoa

Galã, mocinho, industrial, garimpeiro. Tarcísio Meira transitou por todos os tipos possíveis nas telenovelas. Talvez por ter "sido" tantos, manteve um posto cativo no imaginário do público, um lugar de principal figura masculina da nossa dramaturgia. O ator gosta de dizer que não se inscreveu no Livro dos Recordes, mas poderia tê-lo feito e ocuparia a página dedicada àquele que mais decorou textos. Além da extensa carreira na televisão, atuou em 22 longas-metragens e 31 peças de teatro. Todos foram marcados por seu talento e carisma pessoal. Como escreveu o roteirista David França Mendes uma vez, ele representa "uma presença poderosa para a câmera".

Tarcísio Magalhães Sobrinho nasceu em 1935 e escolheu o nome artístico graças à superstição: seu prenome somado ao sobrenome da mãe – Meira – contabilizaria 13 letras. Antes de começar no teatro em 1957, tentou ingressar no Instituto Rio Branco, mas não obteve sucesso. A carreira na TV começou no *Grande Teatro Tupi*, no início dos anos 1960. Foi lá que contracenou com Glória Menezes

Como o toureiro Juan Gallardo da trama de Janete Clair *Sangue e areia*, da Globo, em 1968.

Na motocicleta como protagonista de *Cavalo de aço*, de Walther Negrão, na Globo, em 1973.

em *Uma Pires Camargo*, de Geraldo Vietri. Depois, na Excelsior, atuou em *Almas de pedra*, *Ambição*, *Uma sombra em minha vida*, *A deusa vencida* e *O grande segredo*, todos eles folhetins rasgados. Na mesma emissora, o casal estrelou em 1963 a primeira novela diária brasileira, *2-5499 Ocupado*, de Dulce Santucci.

A estreia na Globo foi em 1968, em *Sangue e areia*, de Janete Clair, também ao lado de Glória, sua mais constante parceira. Ele interpretava Juan Gallardo e era disputado por Pilar (Theresa Amayo) e Doña Sol (Glória). No elenco estavam ainda Zilka Salaberry, Cláudio Marzo e Arlete Salles. Foi um sucesso estrondoso, que destronou Yoná Magalhães e Carlos Alberto, até então o casal queridinho da televisão. Dali em diante, o posto passou a ser de Tarcísio e Glória, que nunca mais foram destituídos desse lugar.

Em seguida, vieram *Irmãos Coragem* (1970), em que viveu o mocinho João; *Cavalo de aço* (1973), de Walther Negrão; e *Escalada* (1975), de Lauro César Muniz, com quem fez ainda *Espelho mágico* (1977), *Os gigantes* (1979) e *Roda de fogo* (1986), em que era o inescrupuloso empresário Renato Villar. Em *Guerra dos sexos* (1983), de Silvio de Abreu, provou talento para a comédia. Entre muitas outras novelas, esteve em *De corpo e alma* (1992), *Fera ferida* (1993), *Pátria minha* (1994) e *O rei do gado* (1996). É difícil olhar para a trajetória de Tarcísio sem pensar em Glória Menezes. Em 1988, assumindo a força como dupla, estrelaram e produziram *Tarcísio & Glória*, criação de Daniel Filho, Euclydes Marinho e

Com Renée de Vielmond, par que marcou na novela *Escalada*, de Lauro César Muniz, em 1975. Foi a última novela em preto e branco da Globo.

Antonio Calmon. Durou um ano, ao contrário do casamento, que segue sólido desde 1963. Trabalharam juntos muitas vezes, mas também tiveram caminhos individuais importantes. Sua presença cênica é tão marcante que, mesmo na maturidade, já com mais de 80 anos, encanta os telespectadores com tipos mais elaborados, longe do realismo, os mais recentes no remake de *Saramandaia* (2013), em *Velho Chico* e *A lei do amor* (ambas em 2016). Graças ao seu talento, Tarcísio é quase sinônimo de novela, de televisão.

Carlos Manga
Das chanchadas à teledramaturgia

Montador, roteirista e diretor de cinema, de televisão e de comerciais, Carlos Manga deixou sua marca tanto pelo talento imenso quanto pelo temperamento mercurial. Era exuberante e dono de um papo adorável, que muitas vezes girava em torno de lembranças da própria carreira. Suas memórias eram interessantes, o que fazia com que o caráter autocentrado da conversa não desagradasse o interlocutor, muito pelo contrário. Sempre tinha muito a contar sobre seu trabalho de diretor de chanchadas na Atlântica, produtora de filmes de grande comunicação com as plateias nas décadas de 1940/1950.

Ele começou como maquinista, levado pelo ator Cyll Farney, e passou por todos os cargos. Foi contrarregra, cuidou do almoxarifado e atuou como assistente de produção e de direção. Até que, em 1952, dirigiu o filme *A dupla do barulho*. Depois dele vieram sucessos como *Nem Sansão, nem Dalila* (1953) e *O homem do Sputnik* (1959), entre outros. Declarou muitas vezes, inclusive em depoimento ao Museu da Imagem e do Som, em 1975, que só foi para a televisão "para ganhar dinheiro". A julgar por entrevistas que deu mais tarde, como uma, a Jaguar, no jornal *O Dia*, em 1998, reviu essa afirmação. "No início, era só para ganhar dinheiro. Depois, a televisão foi me conquistando por seu imediatismo, sentia progressos na narrativa como diretor", admitiu.

Se a televisão foi boa para Manga, ele também fez bem a ela. Chegou à TV Rio em 1960, a convite de Chico Anysio. Estreou com *O riso é o limite* e fez *Noites cariocas* e *Agora é que são elas*. Em seguida, transferiu-se para a TV Excelsior, onde foi diretor-geral e esteve à frente de *Times Square*, musical com astros do humorismo como Castrinho, Grande Otelo, Daniel Filho e Dorinha Duval. No fim dos anos 1960, foi para a Record. Lá trabalhou com Nilton Travesso e Jô Soares, e criou *Quem tem medo da verdade?*. O programa era sensacionalista e simulava um tribunal, presidido por Manga, em que as atitudes de pessoas públicas eram avaliadas. Leila Diniz, por exemplo, foi humilhada por "falar palavrões e ter comportamento transgressor". O programa durou dois anos, até 1971. Em 1980 Manga se mudou para a Globo para dirigir *Chico City*. Em seguida, vieram as minisséries *Agosto* (1993), *Memorial de Maria Moura* (1994) e *Engraçadinha – Seus amores e seus pecados* (1995). Foi o diretor do núcleo que cuidou do remake de *Anjo mau* (1997) e de *Torre de Babel* (1998), de Silvio de Abreu, com quem tinha trabalhado no cinema na década de 1970.

Passou pelo *Domingão do Faustão* e, em 1999, criou o seriado *Sandy & Júnior*. Manga, que morreu em 2015, foi do mais popular ao biscoito fino com o mesmo talento.

Como diretor na Globo, em 1994.

Na década de 1970, quando era um dos principais galãs de nossa televisão.

Francisco Cuoco
O verdadeiro astro

A vontade de ser ator nasceu com Francisco Cuoco, em São Paulo, em 1933. Criança, gostava de representar para os amigos, na rua. Na hora de escolher a profissão, chegou a cogitar o vestibular para Direito, mas sua carreira é tão longa quanto direta, sem desvios. Ingressou na Escola de Arte Dramática da Universidade de São Paulo (USP) e participou do Teatro Brasileiro de Comédia (TBC). Antes de chegar à televisão e se misturar à própria história dela no Brasil, teve uma sólida formação de palco. No início dos anos 1960, fez o Grande Teatro Tupi. Depois, na Record, começaram os folhetins. "Eram novelinhas mesmo, só que ao vivo", resume ele para explicar produções como Marcados pelo amor, de 1964, de Walther Negrão e Roberto Freire.

Na Excelsior, estrelou *Redenção* (1966), a mais longa novela da TV brasileira: foram 596 capítulos. Quando chegou à Globo, em 1970, já era conhecido e estava estabelecido como galã nacional. Não era pouco. Mas ele foi mais longe. Estreou na nova emissora como o protagonista de *Assim na Terra como no Céu*, de Dias Gomes. Interpretava um padre que abandonava a batina para se casar. Dá para calcular até que ponto esse personagem fez as telespectadoras sonharem? E surgiram muitos outros com o mesmo poder de sedução. Cuoco caiu nas graças de Janete Clair, tornando-se um de seus atores favoritos. Foi para ele que a autora inventou o Cristiano Vilhena de *Selva de pedra* (1972), par inesquecível de Regina Duarte, a Simone;

Como Herculano Quintanilha, entre Stepan Nercessian e Dina Sfat, em *O astro*, megassucesso de Janete Clair na Globo, em 1978.

o Alex de *O semideus* (1973); e o taxista Carlão de *Pecado capital*, talvez o personagem mais importante de sua carreira. Talvez, porque é difícil escolher um. Basta lembrar que depois vieram o Herculano Quintanilha, de *O astro* (1977), e um papel duplo em *O outro* (de Aguinaldo Silva, em 1983).

Perguntado se gostaria de destacar algum momento profissional, Cuoco respondeu assim: "Todas as emissoras do Brasil. Os quatro anos na Escola de Arte Dramática. Professores, diretores, autores, amigos e colegas. Todos os trabalhadores que não aparecem nas telas de TV e de cinema ou nos palcos. Muitos escrevendo; outros montando cenários e cuidando da arte, do figurino e da maquiagem; motoristas e mais centenas de técnicos. Imagina o que faria cada ser humano sozinho?" Como diria Chacrinha, vai para o trono ou não vai?

Como o taxista Carlão, de *Pecado capital*, de 1975. Betty era Lucinha.

Os Trapalhões
Os donos do humor ingênuo

Poucos bordões da televisão tiveram o alcance de "Ô psiti!" e "Ô da poltrona!". Essas e outras frases clássicas de Didi Mocó Sonrisal Colesterol Novalgina Mufumbo fizeram a felicidade de telespectadores de todas as idades. Elas expressam também, por excelência, a capacidade de Renato Aragão de se comunicar de forma direta com o público. Quem não assistiu a ele na infância e, mais tarde, levou os filhos para vê-lo no cinema? O adorável *clown* nasceu oficialmente em 1960, no programa *Vídeo alegre*, na recém-inaugurada TV Ceará, em Fortaleza. Era, então, simplesmente Didi, criação imortal de Renato Aragão, que, aos 25 anos, ganhou um concurso da emissora para o papel de realizador (que reunia as tarefas de ator, produtor, diretor e redator). Foi seu primeiro trabalho como artista. Chegou ao Rio em 1964, já famoso no Ceará, para integrar o elenco da TV Tupi, onde participou de *A, E, I, O...Urca*. Ali encontrou Dedé Santana, com quem trabalharia por muitos e muitos anos e com quem fez seu primeiro filme (*Na onda do iê-iê-iê*, de Aurélio Teixeira, em 1965). Em programas na Tupi, Excelsior e Record, Renato foi aprimorando sua vocação e entendendo definitivamente seu destino de artista.

Na extinta TV Excelsior, em 1966, Renato estrelava *Os adoráveis trapalhões*, dividindo o cenário e as piadas com Dedé, Wanderley Cardoso, Ted Boy Marino e Ivon Curi, e também participava de outros programas de auditório. Um dia, num esquete ao vivo, Didi

Renato Aragão, Zacarias, Mussum e Dedé Santana, a formação mais conhecida dos Trapalhões, na Globo, em 1984.

Dedé, Mussum, Didi e Zacarias, em 1978, auge do sucesso na TV e no cinema, onde estrelaram *Os Trapalhões na guerra dos planetas*.

era entrevistado para conseguir um emprego e, diante da insistência do entrevistador em saber o nome todo, algo que ainda não havia imaginado, improvisou a alcunha. Os cacos, aliás, se tornariam uma marca registrada dele e de sua turma. Naquele momento, Didi Mocó e Renato, já indissociáveis, entravam de vez para a história da TV brasileira.

A ida para a Record, em 1971, marcou a formação daquele que seria o quarteto definitivo batizado de Trapalhões: o programa *Os insociáveis* reunia, além de Didi e Dedé, Antônio Carlos Bernardes, o Mussum, e Mauro Gonçalves, o mineirinho Zacarias. Em 1974, os quatro foram para a Tupi fazer o programa *Os Trapalhões*, enorme sucesso de público que chegaria em 1977 à TV Globo, onde permaneceria até 1995, animando as noites de domingo. Em 1983, o grupo, desgastado, se desfez durante seis meses, nos quais Didi comandou sozinho o programa na emissora. No ano seguinte, porém, o quarteto voltou à grade.

Em 1995, depois da morte de Zacarias (1990) e de Mussum (1994), Renato disse ter ficado "sem rumo", sem vontade de trabalhar. Ele e Dedé dedicaram-se apenas a especiais esporádicos, além de uma série de programas em Portugal. Em 1998, *A Turma do Didi* trouxe Renato de volta, sozinho, já que desentendimentos o afastaram do parceiro Dedé. Em 2008, depois de uma longa separação, Dedé Santana retornou à Globo para se juntar a Renato naquele humorístico. Foi recebido com festa e alegria pelo primeiro trapalhão. A produção acabou em 2010, sendo substituída por *Aventuras do Didi*, que se estendeu até 2012.

Nesses anos todos, foram dezenas de filmes e programas de televisão. O êxito do grupo atravessou e formou gerações de público. O Canal Viva reprisa, com sucesso de audiência, edições antigas dos programas deles. A ideia de voltar a produzir uma série com os personagens do quarteto estrelada por Renato está sempre circulando nos bastidores da televisão. Em 1986, durante o programa comemorativo dos 20 anos dos Trapalhões, a Globo lançou a campanha Criança Esperança, que anualmente incentiva doações dos telespectadores para várias instituições de amparo à infância e à juventude. Desde então, a atração vem sendo capitaneada por Renato, que em 1991 se tornou embaixador do Unicef no Brasil.

Susana Vieira
Mocinha, vilã e matriarca

Para Susana Vieira, a carreira de atriz veio pelo balé. Em 1960, ela era integrante do corpo de baile do Theatro Municipal de São Paulo e, junto com sua turma, passou a aparecer esporadicamente em programas da TV Tupi. Primeiro, veio o *Grandes atrações Pirani*, depois o *Concertos matinais Mercedes-Benz*, exibidos aos domingos de manhã. Um belo dia, acabou notada por Cassiano Gabus Mendes, que dirigia o canal. Ele apostou na "lourinha carioca", como se referiu a Susana, para pequenos papéis em programas de humor. E ela participou de vários, como *A bola do dia*, até chegar ao *Grande Teatro Tupi*, em que dividiu a cena com estrelas da casa, como Laura Cardoso, Luis Gustavo e Henrique Martins. O primeiro trabalho importante em novelas foi na Excelsior, em *A pequena Karen*. Susana protagonizou a trama de Dulce Santucci levada ao ar com grande sucesso em 1966. Ela passou ainda pela Record até chegar à Globo, em 1970, para interpretar Candinha em *Pigmalião 70*. Na trama de Vicente Sesso, foi dirigida pelo primeiro marido, Régis Cardoso.

Atriz que jamais gostou de ficar parada, fez numerosas novelas, uma atrás da outra: *A próxima atração* (1970), *Minha doce namorada* (1971), *O bofe* (1972) e *O espigão* (1974). Depois protagonizou *Escalada* (1975), de Lauro César Muniz, ao lado de Tarcísio Meira. Esse trabalho não apenas foi consagrador como garantiu a ela outro papel muito importante na sua trajetória, o da babá Nice da primeira versão de *Anjo mau*, de Cassiano Gabus Mendes, em 1976. Pela primeira vez, a empregada era a estrela e beijava o patrão no horário nobre. Ainda assim, seu fim foi trágico, porque o público conservador da época não admitiria um desfecho diferente (como aconteceu na versão de 1997).

Susana gosta de citar *A sucessora*, de Manoel Carlos (1978), entre as novelas mais marcantes que fez. Ela passava as noites estudando o texto dele, e diz que aprendeu muito ali. A atriz voltou a repetir a bem-sucedida parceria com o autor em *Por amor*, de 1997. Nesta trama, ela era a vilã Branca, a quem gosta de se referir como Branca Letícia, assim, com uma certa reverência e pompa. E com razão: foi mesmo uma personagem inesquecível, ferina, frasista. Ela disparava suas barbaridades invariavelmente com um copo de martíni na mão, o que a levava a devorar, com prazer, mais de dez azeitonas entre os ensaios e as cenas. "Maneco percebeu que eu decorava o texto de um jeito limpo: sem cacos. Então escrevia cenas imensas para mim", lembra. A Maria do Carmo de *Senhora do destino*, de 2005, também marcou. Além do texto inspirado de Aguinaldo Silva e da direção competente de Wolf Maya, tudo naquela produção convergiu para um resultado muito feliz. Do drama à comédia, Susana encarou todas as modulações, sempre com talento e uma grande dose de energia.

Em 1971, na novela *Minha doce namorada*, de Vicente Sesso, na Globo.

Em 1978, já comandando o auditório na TVS.

Silvio Santos
O rei do auditório

Ele é o Homem do Baú da Felicidade, o Patrão, o dono do grito "Quem quer dinheiro?" e da risada comprida que começa com um "rarrái" e prolonga o "i" até o fim do fôlego. Um som familiar aos ouvidos de todo brasileiro há décadas. Silvio Santos tem muitas alcunhas. É avesso a entrevistas, o que reforça a lenda em torno de sua pessoa. Não que a sua trajetória não seja impressionante. Senor Abravanel nasceu em 1930, no Rio de Janeiro, filho de uma família de imigrantes judeus instalada no bairro do Rio Comprido, Zona Norte da cidade. Seu pai, o grego Alberto Abravanel, era comerciante. A mãe, a turca Rebeca, dona de casa. Não eram ricos, mas ele não teve uma infância de privações. Silvio se formou como técnico de contabilidade. Só interrompeu os estudos porque preferiu trabalhar como vendedor, vocação que descobriu ainda na adolescência.

Com a queda do Estado Novo de Getúlio Vargas e a perspectiva de eleições – que levaram Eurico Gaspar Dutra ao poder, em 1946 –, enxergou uma oportunidade. Passou a comercializar capinhas de plástico para documentos, que serviam perfeitamente para o título de eleitor. Logo diversificou e passou a negociar também canetas e bugigangas. Aos 18 anos, era o camelô mais famoso do Rio. Vendia nas barcas da Cantareira, que cruzavam a baía de Guanabara entre Rio e Niterói. Nessa época, começaram suas incursões em rádios como locutor. Em 1947, disputou um posto com Chico Anysio na Rádio Guanabara

Segurando uma nota de real no quadro "Tudo por dinheiro", do SBT, em novembro de 1993.

e se deu bem. Sobre isso, Chico declarou muito mais tarde numa entrevista: "Só perdi para o Silvio Santos. Ele é o cara que menos progrediu no seu modo de trabalhar. Faz hoje [nos anos 2000] o que fazia no início. Ou seja: ele já era maravilhoso."

Em 1950, mudou-se para São Paulo e começou a carreira de locutor de rádio. O primeiro contrato importante veio em 1954, na Rádio Nacional. Para completar o orçamento, criou uma revista, *Brincadeiras para você*, com

Na foto ao lado, em 1972, em meio às "colegas de trabalho". Abaixo, o júri do programa *Show de calouros*, no SBT, em 1994, com Pedro de Lara.

O espanhol Pablo, dublador do "Qual é a música?", atração que Silvio Santos consagrou.

passatempos como palavras cruzadas e charadas. E negociava os anúncios. Chamou a atenção de Manuel de Nóbrega, que o convidou para trabalhar em seu programa no rádio. Começou ali uma longa parceria não apenas artística, mas comercial: Nóbrega era dono do Baú da Felicidade. Silvio assumiu a empresa, vendia carnês de porta em porta e em pequenas apresentações que fazia em circos. Até que, em 1962, estreou na TV Paulista, numa atração chamada *Vamos brincar de forca*. Daí, foi ampliando sua participação e alimentando o Baú. Comprou duas horas da programação do canal e, assim, nasceu o *Programa Silvio Santos*. Em 1965, passou a comandar uma atração também na TV Tupi. Quando a TV Paulista foi incorporada pela Globo, Silvio Santos continuou lá. Ficou na emissora até 1976. Em 1973, tentou a concessão de um canal de TV, mas sem sucesso. O sonho dele se realizou dois anos mais tarde, quando já era um apresentador famoso, fazia sucesso na Globo e se afirmara como empresário. Em 1976, ele inaugurou o canal Studio Silvio Santos de Cinema e Televisão Ltda., a TVS. Em 1981, conseguiu a concessão de quatro canais e, dessa forma, nasceu o Sistema Brasileiro de Televisão, o SBT.

Ele é um ícone da televisão brasileira, sinônimo de domingo, criador de formatos e dono de um faro único para descobrir aquilo de que o público vai gostar. Um mestre da comunicação. Assim, tudo de que ele participou é lembrado. Desde os shows de calouros ao *Show do milhão*, aos quadros "Qual é a música?" e "Tudo por dinheiro". São anos lançando aviãozinho de cédulas, mas com um charme que justifica o gosto duvidoso e o caráter populista da brincadeira. E décadas fazendo o público cantar que "Silvio Santos vem aí!".

Cláudio Marzo
Do mocinho ao Velho do Rio

Nascido em São Paulo em 1940, Cláudio Marzo chegou à Globo em 1965 – para viver o papel de Augusto na primeira versão de *A moreninha*, escrita e dirigida por Otávio da Graça Mello – vindo do importante grupo de teatro Oficina, onde já tinha construído um certo nome. Sua estreia na TV fora na Tupi, em 1963, na novela *Moulin Rouge, a vida de Toulouse-Lautrec*, de Geraldo Vietri. Na Globo, rapidamente entrou para o primeiro time de atores de novela e sua trajetória acabou misturada à história da emissora. Foi em *Irmãos Coragem*, escrita por Janete Clair em 1970, que formou um par bem-sucedido com Regina Duarte, a Ritinha. O Duda da família Coragem – que tinha ainda João (Tarcísio Meira) e Jerônimo (Cláudio Cavalcanti) – foi um dos seus primeiros grandes papéis. Esse trabalho ajudou a consolidar uma carreira que já havia estourado. Em 1969, brilhara na Globo em *Véu de noiva*, da mesma autora, a primeira novela "realista" da emissora, um contraponto às histórias de época que então predominavam. Era uma resposta à moderna *Beto Rockfeller*, que fazia sucesso na TV Tupi. Na trama, ele interpretava um piloto de corridas bonitão. Marzo foi um dos pioneiros na categoria "galã de novela" no Brasil. E aqui vale uma observação muito importante: aqueles que reduzirem a palavra "galã" à beleza física estarão confundindo o significado e o significante. Naquele tempo, o termo abrangia muito mais do que isso.

Dono de uma força imensa de ator, ele tinha talento e carisma de sobra. E era o homem certo no lugar certo: sua carreira ganhou fôlego no momento em que a TV brasileira se massificava, entrando diariamente em cada vez mais lares e de maneira nacional, por causa da transmissão via satélite. Depois de *Carinhoso*, escrita por Lauro César Muniz em 1973, formou outro par inesquecível com Regina Duarte, àquela altura a Namoradinha do Brasil. Tudo na novela era bem simbólico da dimensão que a nossa TV estava assumindo: na abertura, "Carinhoso", um clássico de Pixinguinha; nos postos de protagonistas, esses dois jovens e já consagrados atores. Foi um sucesso, e não poderia ser diferente. Era a cara do país.

Graças ao talento, Marzo soube sobreviver ao fim da juventude e abraçar personagens em sintonia com seu momento de vida. Quando ficou mais maduro, interpretou tipos fortes, como o motorista de táxi que tinha um caso com Chica Newman (Fernanda Montenegro), de *Brilhante*, novela de Gilberto Braga. Bem mais tarde, nos anos 1990, Marzo foi o Velho do Rio em *Pantanal*, na Manchete. Por esse trabalho o ator, que morreu em 2015, será lembrado pelas gerações mais jovens.

Em 1973, na época em que fazia *Carinhoso*, na Globo.

Cartaz da novela *2-5499 Ocupado*, da TV Excelsior, em 1963.

2-5499 Ocupado
A primeira vez que deu linha

A primeira novela brasileira, *Sua vida me pertence*, estreou em 21 de dezembro de 1951, na TV Tupi. Foram 15 capítulos de 20 minutos, exibidos às terças e quintas-feiras. O enredo era estrelado por Vida Alves e Walter Forster, que deram ali o primeiro beijo da TV nacional e entraram para a história. Mas a primeira produção diária, a mãe de um formato que se mantém pouco alterado até hoje, foi *2-5499 Ocupado*, lançada pela TV Excelsior em 1963. Tarcísio Meira e Glória Menezes protagonizavam a trama, uma adaptação de Dulce Santucci do original argentino *0597 Da Ocupado*. O diretor, Titi Di Miglio, também era portenho. Na época, aquele país era o grande produtor de telenovelas da América Latina, e o Brasil só começava a sonhar com esse posto.

Glória vivia uma detenta que, por bom comportamento, tornara-se a telefonista da prisão. Acidentalmente, por meio de uma linha cruzada, acabou conhecendo um famoso advogado, personagem de Tarcísio. Conversa vai, conversa vem, eles se apaixonaram sem nunca terem se visto. A mocinha, entretanto, enfrentava a concorrência de uma vilã, sua colega de cadeia, personagem de Lolita Rodrigues. A certa altura, a malvada era solta. Com a rival ainda atrás das grades, ela tentava ganhar uma vantagem na conquista do bonitão.

A produção era feita em videoteipe e em condições bem precárias. Tanto Glória quanto Lolita lembram-se de contribuir para o figurino com as próprias peças de roupa. A primeira recorda-se de que "levava até quadrinhos da parede de casa para ajudar a compor o cenário". E Lolita comprou uma cafeteira e oferecia bolo de padaria comprado com dinheiro do salário, que "era bem pequeno: na TV não havia sombra dos luxos de hoje". Glória, que já contava com uma carreira de sucesso no teatro e no cinema, tendo estrelado *O pagador de promessas*, premiado em Cannes, afirma que, "no início, não sabíamos onde a televisão iria dar. Mas logo percebemos a imensa repercussão da novela, algo que o teatro não trazia para um ator".

Ainda pouco habituado à teledramaturgia, o público de então fazia muita confusão entre atores e personagens. Tarcísio conta que notou o sucesso imenso do folhetim nas ruas. Quando visto em locais públicos sem Glória, os fãs o cumprimentavam e mandavam lembranças para ela, "que está presa". Tal mistura entre a ficção e a realidade foi um dos muitos sinais de que eles tinham se tornado astros. E também uma mostra da importância que as novelas viriam a ganhar nos anos seguintes.

A novelista Janete Clair, em 1973.

Janete Clair
A criadora que não conheceu fracassos

A chegada de Janete Clair à TV Globo, em 1967, já parece uma trama de novela. Naquele ano, a autora, que trazia então no currículo mais de 30 radionovelas e oito telenovelas, entre elas *Nuvem de fogo* (1963), na TV Rio, *O acusador* (1964) e *Paixão proibida* (1967), ambas na TV Tupi, foi chamada às pressas por José Bonifácio de Oliveira Sobrinho, o Boni, diretor de operações da TV Globo, para tentar salvar *Anastácia, a mulher sem destino*, adaptação desastrosa feita por Emiliano Queiroz, como ele mesmo reconheceu, de um folhetim francês. Um enredo confuso e o excesso de personagens fizeram a audiência da produção despencar assustadoramente. A solução de Janete para estancar a sangria entrou para a história da teledramaturgia nacional: num único capítulo, fez com que um terremoto dizimasse mais de cem personagens e jogou a trama para 20 anos adiante, enxugando consideravelmente o enredo e os custos da produção, e criando tecnicamente uma outra novela. A estratégia deu certo e garantiu a Janete um lugar na emissora, onde ficaria até sua morte, em 1983, tornando-se o maior nome do gênero no país e influenciando toda uma nova geração de autores.

Embora seus primeiros trabalhos na Globo tenham sido feitos sob a supervisão de Glória Magadan, então a grande rainha das telenovelas, o que significou manter a linha folhetinesca imposta pela cubana – são dessa época *Sangue e areia* (1968), *Passo dos ventos* (1968) e *Rosa rebelde* (1969) –, Janete construiu o próprio estilo. Em pouco tempo tornou-se a nova grande dama da teledramaturgia, conhecida como "Nossa Senhora das Oito".

Quando Janete chegou à Globo, o gosto do telespectador estava mudando. As novelas com tramas rocambolescas e distantes da realidade perdiam espaço aos poucos. *Véu de noiva*, que estreou em novembro de 1969 com Regina Duarte e Cláudio Marzo como protagonistas, foi a primeira história urbana e contemporânea da emissora, e fez sucesso. A consagração de Janete, contudo, viria em 1970, com *Irmãos Coragem*. Em plena ditadura militar, a autora criou um faroeste moderno e comovente, que evocava o cenário político no país levando ao ar a luta de três irmãos – João (Tarcísio Meira), Jerônimo (Cláudio Cavalcanti) e Duda (Cláudio Marzo) – contra os desmandos do corrupto latifundiário Pedro Barros (Gilberto Martinho). O vilão usava dinheiro e violência para obter tudo o que desejava.

Irmãos Coragem foi apenas um dos estrondosos sucessos de público e crítica de Janete, que também encantou os telespectadores com *Selva de pedra*, *Pecado capital*, *Duas vidas*, *O astro* (quem não se lembra do mistério do assassinato do personagem Salomão Hayala?) e *Pai herói*, entre outras novelas.

Nascida Janete Stocco Emmer em 1925, em Conquista, no interior de Minas Gerais – foi registrada como Jenete por um erro do escrivão –, ela sempre sonhou com o mundo artístico. Foi morar com a mãe e o padrasto

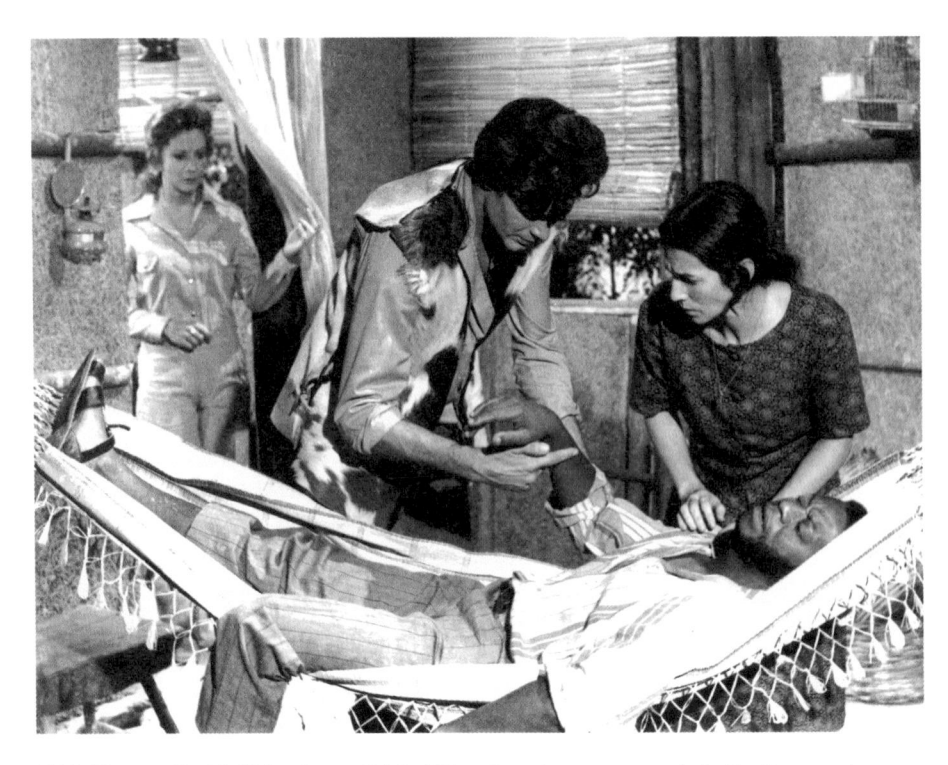

Glória Menezes, Tarcísio Meira, Suzana Faini e Milton Gonçalves numa cena de *Irmãos Coragem*, de 1970.

em São Paulo, na década de 1940, e começou a carreira em 1943 como atriz e locutora na Rádio Tupi Difusora. Ali conheceu o também então radioator Alfredo Dias Gomes, com quem se casou em 1950. Já no Rio de Janeiro, Janete precisou contribuir para o orçamento doméstico e iniciou seu trabalho como autora de radionovelas, adotando nesse período o sobrenome com o qual se consagraria. Por sugestão do radialista Otávio Gabus Mendes, a admiradora da composição "Clair de Lune", de Debussy, passou a assinar como Janete Clair.

Embora casada com outro gigante da dramaturgia e teledramaturgia, responsável por obras-primas como *O Bem-Amado* e *Roque Santeiro*, Janete nunca ficou à sombra de Dias Gomes e construiu uma sólida e diversificada obra. Conhecida pela paixão com a qual se dedicava a cada trabalho e pela carpintaria precisa na criação de seus personagens, a autora não conseguiu terminar sua última novela, *Eu prometo*, porque já estava bastante debilitada pelo câncer no intestino, doença que a levaria em novembro de 1983. Sob a supervisão de Dias Gomes, a trama foi finalizada por Gloria Perez, então uma autora em ascensão na Globo, a quem Janete confiou a tarefa e com quem trabalhou intensamente até seus últimos dias.

Os enlatados
A diversão que vinha de fora

O termo "enlatado" tinha um caráter altamente pejorativo nas décadas de 1970 e 1980, porque trazia embutida uma crítica à falta de produção brasileira. Claro que o campeão de sobrevivência *Chaves*, no ar desde os anos 1970 e ainda hoje um curinga do SBT, é um exemplo do gênero. Mas ele também abarca *A mulher biônica*, *Agente 86* e *Jeannie é um gênio*, séries já extintas que fizeram a alegria de muitos telespectadores nas décadas de 1960 e 1970. Elas colaboraram para formar uma geração de profissionais que hoje estão aí, criando para a TV. Nenhuma criança de então passou indiferente pelas atrações dubladas que se multiplicavam por todas as emissoras. Seus personagens eram imitados e adorados.

Um dos primeiros programas do gênero a estourar na TV brasileira foi o *National Kid*, um super-herói nascido em Andrômeda que voava com os braços abertos, tinha um hino até hoje lembrado e combatia, entre tantos vilões, os Incas Venusianos. A série era produção japonesa, mas na TV de lá passou sem ser notada. Só fez sucesso mesmo no Brasil. Outro ícone da época foi Jeannie (Barbara Eden), o gênio com uma dose de sensualidade que vivia dentro de uma garrafa e só saía quando convocado pelo "amo", Major Nelson (Larry Hagman), para realizar os desejos dele. A casa dela, dentro da garrafa, despertava os sonhos das meninas. Criada por Sidney Sheldon, a personagem estrelava uma trama que faria as feministas torcerem o nariz, mas que agradava demais ao público infantil. Falando

Barbara Eden, o gênio que morava na garrafa de *Jeannie é um gênio*, em foto de 1967.

em torcer o nariz, Samantha, de *A feiticeira*, vivida por Elizabeth Montgomery, usava esse artifício para acionar seus poderes mágicos. Eles lhe permitiam arrumar a casa em um segundo, apenas fazendo uma careta. Mas, apesar dessa facilidade nata, ela se continha para satisfazer o marido, o publicitário James (Dick York). É que ele exigia que eles formassem uma família "normal". Não que fosse possível, já que a filha, Tabata, herdou o dom.

Jaclyn Smith, Kate Jackson e Farrah Fawcett, as *Panteras*.

Don Adams, o Maxwell Smart, e Barbara Feldon, a 99, em *Agente 86*, que brincava com as aventuras dos espiões na época da Guerra Fria.

Lee Majors, o herói de *O homem de seis milhões de dólares*. A imagem é do episódio "A volta da mulher biônica", de 1975.

Uma curiosidade: duas atrizes gêmeas, Diane e Erin Murphy, interpretavam a garota em regime de revezamento. A mãe de Samantha, Endora (Agnes Robertson Moorehead), completava esse time excêntrico. As personagens femininas e sensuais também encantaram o público de *As Panteras*, um time encabeçado por Farrah Fawcett, de quem todo mundo imitava o corte de cabelo em camadas, uma marca dos anos 1970.

Nem todos esses programas eram integralmente do terreno da fantasia. *Agente 86*, um grande sucesso, não existiria sem um pé na realidade da época – foi produzido entre 1965 e 1970. Sua inspiração era a Guerra Fria e seus espiões, recriados de um ponto de vista cheio de humor. Quem viu lembra de Maxwell Smart (Don Adams) e da Agente 99 (Barbara Feldon), sob direção do genial Mel Brooks. *O homem de seis milhões de dólares* e a namorada dele, que também se tornou titular de uma série, *A mulher biônica*, *Kojak*, *Havaí 5.0*, *Kung Fu*, *The Persuaders* (assim mesmo, em inglês, com Tony Curtis e Roger Moore), *Dallas*, entre outras aventuras, deixaram um legado para a televisão mundial.

Hoje, ninguém ousaria chamar de "enlatados" as séries americanas que, dizem unanimemente os críticos, fazem a TV viver a sua Era de Ouro.

Isabel Cristina e Isaura Bruno em *O direito de nascer*, exibida pelas extintas TV Tupi São Paulo e TV Rio, entre dezembro de 1964 e agosto de 1965.

O direito de nascer
Uma trama que ainda inspira

Antes de se tornar o primeiro clássico da teledramaturgia no país, com direito a três versões (em 1964, 1978 e 2001), *O direito de nascer* já conquistara uma legião de fãs no rádio, nos anos 1950. O drama do cubano Félix Caignet, escrito em 1946, foi adaptado pela primeira vez para a TV por Thalma de Oliveira e Teixeira Filho em 1964, para a Tupi de São Paulo – no Rio, a produção seria exibida pela TV Rio. Como na época do rádio, o público acompanhava emocionado a dramática história passada na Cuba de 1899, onde um amor proibido agravava o ódio entre famílias inimigas. Nathalia Timberg era a jovem Maria Helena de Juncal, filha de um dos homens poderosos de Havana, e se apaixonava por Alfredo Martins (Henrique Martins), filho do maior desafeto de seu pai. Ao saber da gravidez da moça, Alfredo a rejeitou e exigiu o aborto, que ela se negou a fazer. Contando apenas com o apoio da negra Dolores, que trabalhava havia muito tempo para sua família, Maria Helena foi enviada pelo pai a uma de suas propriedades para que tivesse o bebê em segredo e não envergonhasse seu nome diante da sociedade.

O pai, na verdade, encomendou a morte do neto, batizado de Alberto, e quem o salvou, sem Maria Helena saber, foi Dolores, que fugiu com o menino para longe. Infeliz e maltratada pelo pai, Maria Helena não teve opção a não ser entrar para um convento. Mas nunca esqueceu o filho. Anos depois, o jovem Albertinho Limonta, criado com carinho por Mamãe Dolores e formado médico, acabou salvando, sem saber, a vida do avô.

Trazendo à tona temas bastante delicados na época, como gravidez fora do casamento e aborto – este um tabu na TV e na sociedade até hoje –, a novela, dirigida por Lima Duarte, José Parisi e Henrique Martins, encantou o público com uma trama que, diferentemente de muitas outras no período, não apresentava nenhuma carta ou segredo que só seria revelado no último capítulo. Conhecendo todas as desventuras dos personagens, os telespectadores vibravam e choravam diariamente a cada encontro ou desencontro.

O sucesso foi tanto que uma grande festa pública marcou o fim da novela em São Paulo, em 13 de agosto de 1965, com os principais atores desfilando em carro aberto pelas ruas da cidade. No dia 14, no Rio, outra manifestação gigantesca: milhares de pessoas foram ao Maracanãzinho aplaudir e gritar os nomes dos personagens. *O direito de nascer* ganhou seu primeiro remake em 1978, na própria TV Tupi, trazendo Eva Wilma como Maria Helena e Carlos Augusto Strazzer como Albertinho Limonta. Em 1997, o SBT produziu sua versão (que só seria exibida em 2001), com Guilhermina Guinle e Jorge Pontual nos papéis principais.

Glória Magadan
Rainha da fantasia

A primeira rainha das telenovelas brasileiras foi uma cubana: Glória Magadan, nascida em Havana em 1920. Ainda em Cuba, nos anos 1940, escreveu sua primeira trama, *Cuando se quiere un enemigo*, para o rádio. Sua carreira como dramaturga deslanchou, porém, quando ela deixou a ilha, logo após a revolução de 1959, rumando para Porto Rico a fim de trabalhar na emissora Telemundo. Contratada pela Colgate-Palmolive, que patrocinava produções em vários países, ela também escreveu e supervisionou folhetins em Miami, nos Estados Unidos e na Venezuela, chegando ao Brasil em 1964.

A Colgate-Palmolive também era uma das principais patrocinadoras das novelas brasileiras e Glória Magadan começou a cuidar dos folhetins da TV Tupi. Sua estreia na TV Globo aconteceu em 1965, fruto de uma parceria entre a multinacional e a emissora. No mesmo ano, contudo, a cubana foi contratada por Walter Clark, na época diretor-geral da Globo, para dirigir o novíssimo departamento de novelas da casa.

Grandes dramas inspirados em obras da literatura clássica e tramas rocambolescas, representantes do legítimo modelo capa e espada, dominavam a teledramaturgia de então, não apenas no Brasil como em países vizinhos, com sucesso. Essa, aliás, nem foi a linha seguida em *Paixão de outono*, primeira das nove novelas escritas por Glória na Globo, que inaugurou o horário das 21h30. Estrelada por Yara Lins, Walter Forster, Rosita Thomaz Lopes e Leila Diniz, era um drama contemporâneo que girava em torno da insegura Verônica (Yara), apaixonada por Alberto (Forster), homem vaidoso e sedutor casado com Linda (Rosita).

O folhetim rasgado, porém, seria o molde de *Eu compro esta mulher*, história inspirada no clássico *O conde de Monte Cristo*, de Alexandre Dumas. A novela, que tinha como cenário a Espanha de 1850, também ficou na memória dos telespectadores porque nascia ali o principal par romântico da emissora na época: Yoná Magalhães (Maria Teresa) e Carlos Alberto (Francisco Aldama). Yoná também seria a estrela de *O sheik de Agadir*, baseado em *Taras Bulba*, de Gogol, na pele da francesa Janette Legrand, disputada por um sheik e por um oficial francês. Um mistério marcava a história: assassinatos eram cometidos pelo Rato, que só ao final se revelava ser a princesa árabe Éden de Bássora (Marieta Severo).

Acumulando as funções de autora, produtora e supervisora das novelas, Glória procurava adaptar a linguagem dos romances originais para o país, mas seguia apresentando ao telespectador produções recheadas de fantasia e excentricidade, sem ligação alguma com o cotidiano. *A sombra de Rebecca*, *A rainha louca* e *O homem proibido*, todas de 1967, trilhavam essa linha. A autora era conhecida por trabalhar de olho no que ela considerava o gosto popular e mudava a trama e o perfil dos personagens de acordo com esse termômetro. Nem sempre deu certo. Num

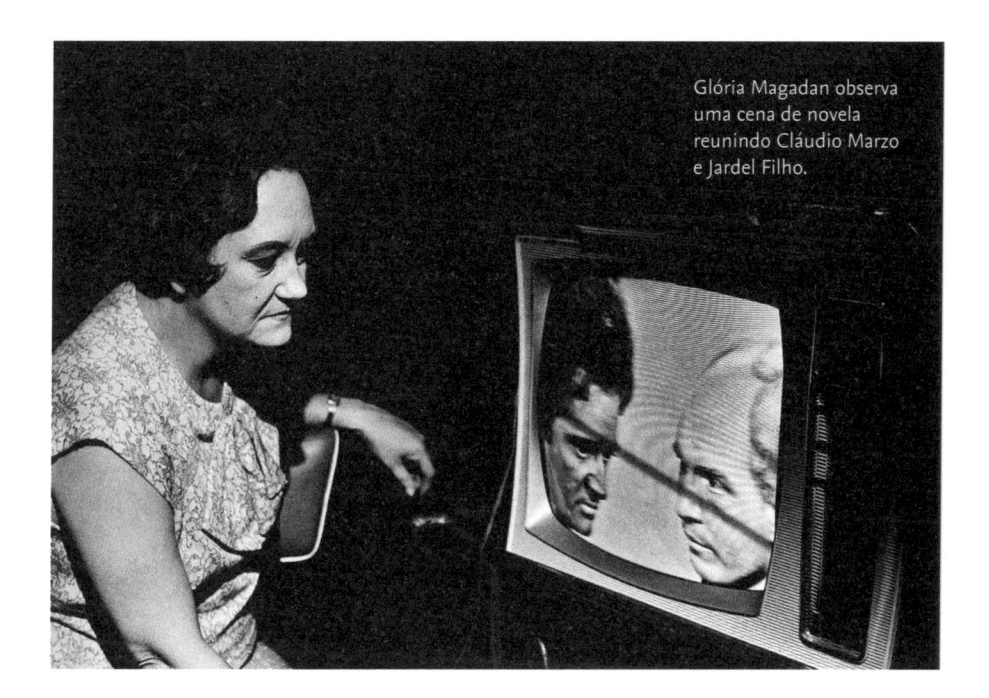

Glória Magadan observa uma cena de novela reunindo Cláudio Marzo e Jardel Filho.

de seus últimos trabalhos na Globo, *A gata de vison*, ambientado na Chicago dos anos 1920 dominada pela Máfia, ela fez tantas alterações no perfil do personagem de Tarcísio Meira (o agente Bob Ferguson), apaixonado pela protagonista (Yoná Magalhães), que o ator pediu seu afastamento da produção. E se recusou a gravar a cena da morte do detetive, criada pela autora.

Os novos ventos que sopravam na teledramaturgia mudariam o destino de Glória. A concorrência começava a apostar em novelas de cunho mais realista, naturalista, como *Beto Rockfeller*, estrondoso sucesso da TV Tupi em 1968 que levou para as telinhas a gíria das ruas da São Paulo da época. Os telespectadores exigiam agora mais brasilidade e contemporaneidade, demonstrando claramente esse desejo por meio das cada vez mais fracas audiências das tramas folhetinescas.

Um ano antes, em 1967, chegara à TV Globo um nome que também faria diferença na trajetória da cubana. Diante do fracasso anunciado de *Anastácia, a mulher sem destino*, novela de Emiliano Queiroz supervisionada por Glória, a emissora contratou Janete Clair, que já havia escrito folhetins para a Rádio Nacional e para a TV Tupi, para tentar salvar a trama. Janete conseguiu virar o jogo e acabou ficando na Globo até 1983, quando morreu vítima de câncer.

Em 1969, diante da nova realidade da teledramaturgia, Glória saiu da emissora. Chegou a voltar para a Tupi, onde escreveu *E nós, aonde vamos?*. Foi seu último trabalho no Brasil antes do retorno a Miami, onde continuou a criar novelas e morreu, em 2001.

Augusto César Vannucci
Música, dança e direção

Nascido em Uberaba em 1934, Augusto César Vannucci viveu para a televisão desde o momento em que começou a trabalhar nela, em 1965. E morreu, em 30 de novembro de 1992, no meio de uma tarefa que fazia pela vigésima primeira vez: o especial de fim de ano de Roberto Carlos. O programa foi ao ar na noite de Natal, menos de um mês mais tarde, com uma homenagem a Vannucci, que, aliás, era grande amigo do cantor. Era mesmo caso de tributo. Ele foi pioneiro na linha de shows, que liderou. Criou inúmeras atrações e ganhou prêmios importantes. Entre eles, o Emmy, em 1981, por *Vinicius para crianças*, na categoria Artes Populares. Com esse programa, ele já tinha conquistado na Espanha o Prêmio Ondas e ganharia, no ano seguinte, o de melhor musical, concedido pela Associação Paulista de Críticos de Arte (APCA).

Ator, produtor, diretor, fez de tudo um pouco na carreira, que começou como cantor, ainda criança, em Minas Gerais. Dono de uma voz de tenor, ele se apresentava numa sorveteria local e atraía a atenção das companhias de teatro itinerantes, que o convidavam para pequenas temporadas. Assim, com 10 anos, já tinha um lugar cativo em programas de rádio locais, além de atuar como crooner de orquestra nos bailes da região. Era o início de uma trajetória profissional sempre misturada à música.

Aos 17 anos, na década de 1950, foi tentar a sorte no Rio de Janeiro e acabou conseguindo uma vaga na renomada companhia teatral de Renata Fronzi e César Ladeira. Atuava, escrevia, dirigia, fazia de tudo um pouco. Trabalhou no teatro de revista, que apreciava e que, costumava dizer, foi fundamental na sua formação. Enquanto dirigia musicais para o palco, trabalhou com atores como Marília Pêra, Cláudio Cavalcanti e Ary Fontoura. Em 1965, alcançou um posto de diretor na Globo, estreando com o humorístico *TV0-TV1*, apresentado por Agildo Ribeiro e Paulo Silvino. Depois veio *Oh! Que delícia de show*, em 1967, com Célia Biar e Ted Boy Marino. Dali para a frente, assumiu a linha de shows, esteve na equipe de criação do *Fantástico* (1973) e fez *Globo de Ouro*, *Alô Brasil, aquele abraço* e *Faça humor, não faça guerra*, entre inúmeros outros programas que marcaram época.

Em 1988, mudou-se para a TV Bandeirantes. Lá, comandou *Terceira visão*, uma atração que tratava de outro tema presente em sua trajetória: o kardecismo. Ainda no fim da década de 1980, foi para a Manchete e esteve à frente de *Fronteiras do desconhecido*, também sobre esse assunto. Voltou para a Globo em 1990, onde instituiu um quadro sobre paranormalidade no *Fantástico*. Morreu jovem, com 57 anos, mas deixou uma grande obra.

No show de Roberto Carlos, apresentado pela TV Globo no Natal de 1980, e num especial musical, em 1982.

Festivais de música
O berço da MPB

Se está no futebol a expressão maior da devoção e da empolgação dos brasileiros, pode-se dizer que os festivais de música que tomaram o país entre meados dos anos 1960 e meados da década de 1980 eram uma espécie de campeonato, de Fla x Flu da área, com o público participando, torcendo, vaiando, aplaudindo, dando o tom de cada temporada. E não era para menos. Promovidos por emissoras de TV – Excelsior, Record, Rio, Tupi e Globo, todas tiveram os seus –, os festivais foram palco privilegiado para o surgimento e a consolidação de grandes nomes da música brasileira, oriundos de vários cantos do país. Chico Buarque, Edu Lobo, Tom Jobim, Geraldo Vandré, Gilberto Gil, Caetano Veloso, Os Mutantes, Djavan, Milton Nascimento, Jorge Ben, Paulinho da Viola, Elis Regina, Maysa, Nara Leão, Beth Carvalho, Nana Caymmi, Gal Costa, Emílio Santiago e tantos outros passaram pelo crivo dos jurados e do público em noites animadas como decisão de campeonato. Aliás, muitas finais de festivais aconteceram em um templo do esporte (não o futebol), o Maracanãzinho.

Era fácil perceber que a grande história da MPB estava sendo escrita ali, ainda que muitos artistas sofressem com vaias estrondosas da plateia. Em 1967, no III Festival de Música Popular Brasileira, da TV Record, o cantor e compositor Sérgio Ricardo protagonizou a cena que talvez seja a mais lembrada daquela época: impedido pelos gritos do público de continuar a cantar "Beto bom de bola", com a qual concorria, ele quebrou seu violão e jogou o instrumento na plateia. A delicada e sofisticada "Sabiá", de Chico Buarque e Tom Jobim, interpretada por Cynara e Cybele, também venceu sob vaias, em 1968, o III Festival Internacional da Canção, da TV Globo. O público preferia "Pra não dizer que não falei das flores", de Geraldo Vandré, que ficou em segundo lugar. É bom lembrar que, em tempos de ditadura militar, soltar a voz nas estradas e nos festivais era também um jeito de protestar e lutar por liberdade.

Gilberto Gil cantando na TV Record, em 1967.

Ao lado, Elis Regina se apresentando no III Festival de Música Popular Brasileira, em 1967, na Record. Ao fundo, os apresentadores Sonia Ribeiro e José Blota Júnior. Abaixo, Os Mutantes no III Festival Internacional da Canção, na Globo, em 1968.

A música de Vandré virou um hino de resistência e logo depois foi proibida. Já nos anos 1980, Lucinha Lins protagonizou outra vaia monumental, em pleno Maracanãzinho, quando "Purpurina" (de Jerônimo Jardim), interpretada por ela, foi anunciada a vencedora do MPB Shell 81, promovido pela Globo. A franca favorita do público era "Planeta Água", de Guilherme Arantes.

Desde o início os festivais foram canteiros férteis de clássicos da MPB. O I Festival de Música Popular Brasileira, promovido pela TV Excelsior em 1965, já deixara para a posteridade "Arrastão", de Edu Lobo e Vinicius de Moraes, que levou o primeiro lugar na voz de Elis Regina. No primeiro dos quatro festivais da Record, em 1966, um empate: "A banda", de um jovem promissor chamado Chico Buarque, que lançaria seu primeiro disco naquele mesmo ano e participaria de vários outros concursos, dividiu o troféu de campeã com "Disparada", de Théo de Barros e Geraldo Vandré. Nara Leão defendeu a primeira e Jair Rodrigues, a segunda, numa interpretação antológica. Em 1967, "Ponteio", de Edu Lobo e Capinam, encabeçou o rol das vencedoras, seguida por "Domingo no parque", de Gilberto Gil; "Roda viva", de Chico Buarque; "Alegria, alegria", de Caetano Veloso; e "Maria, carnaval e cinzas", de Luiz Carlos Paraná, na voz de Roberto Carlos. "Sinal fechado", de Paulinho da Viola, saiu vitoriosa do último festival da Record, em 1969.

Outro grande palco para a música brasileira foi o Festival Internacional da Canção, criado por Augusto Marzagão, que começou na TV Rio, em 1966, e seguiu na TV Globo de 1967 a 1972. "Travessia", de Milton Nascimento, e "Carolina", de Chico Buarque, ficaram em segundo e terceiro lugar, respectivamente, em 1967, perdendo para "Margarida", de Guarabyra, mas viraram clássicos instantâneos. E quem não se lembra de "Cantiga por Luciana" (de Edmundo Souto e Paulinho Tapajós), cantada por Evinha, vencedora de 1969? E "BR-3" (de Antônio Adolfo e Tibério Gaspar), que ganhou em 1970 no gingado de Tony Tornado e do Trio Ternura? E de "Fio Maravilha", de Jorge Ben Jor (na época Jorge Ben), que virou praticamente um hino carioca? Foi a música campeã de 1972, na voz de Maria Alcina.

A TV Globo continuou a promover grandes festivais até os anos 1980. No MPB-80, Oswaldo Montenegro, que no Festival de MPB no ano anterior ficara em terceiro com "Bandolins", conquistou o primeiro lugar com "Agonia". Foi o ano em que concorreram também, embora sem ganhar nada, "Demônio Colorido", um hit de Sandra de Sá, e a irreverente e inesquecível "Nostradamus", de Eduardo Dussek. No Festival dos Festivais, em 1985, "Escrito nas Estrelas" (de Arnaldo Black e Carlos Rennó), na voz aguda de Tetê Espíndola, foi a vencedora. E ali se revelava também uma das belas vozes da música brasileira contemporânea, Leila Pinheiro. Ela defendeu "Verde" (de Eduardo Gudin e José Carlos Costa Netto), que terminou em terceiro lugar, mas a música lhe garantiu o prêmio de melhor intérprete.

Jovem Guarda
O Iê-Iê-Iê

Em 22 de agosto de 1965, a TV Record levou ao ar um programa que entraria para a história ao criar um novo movimento musical no país: a Jovem Guarda. Sob esse nome, a atração era apresentada por Roberto Carlos, Erasmo Carlos e Wanderléa, cantores em início de carreira, mas com grande identificação com a juventude. Roberto, líder da turma, já havia gravado "Splish Splash", versão de Erasmo Carlos para a canção original de B. Darin e J. Murray. Junto com Erasmo, também dava ao público sucessos como "Quero que vá tudo pro inferno" ou "Vem quente que eu estou fervendo". Em pouco tempo, chegando a milhões de telespectadores em diversos cantos pelo Brasil, a atração passou a designar a jovem guarda, sinônimo do recém-nascido rock nacional.

O programa *Jovem Guarda* foi apresentado entre 1965 e 1968, com meninas e meninos se descabelando e berrando na plateia, como mandava o figurino, durante as gravações feitas no Teatro Record, em São Paulo. Ele era transmitido em videoteipe para outras praças. Entre versões do rock americano e dos Beatles, grande inspiração para o movimento, os apresentadores viraram os reis do iê-iê-iê nacional – uma alusão direta ao filme dos Beatles *A Hard Day's Night*, lançado em 1964 e rebatizado aqui como *Os reis do iê-iê-iê*. Ídolos da juventude, eles seguiam arrebatando multidões, que copiavam roupas,

Roberto Carlos anima a festa ao som de muito iê-iê-iê, em 1966.

No palco do programa *Jovem Guarda*, na Record, em 1966.

Os calhambeques compunham o cenário do programa da TV Record, em 1966.

cabelos, maquiagem, trejeitos e linguagem. Também os acompanhavam no cinema, em filmes como *Roberto Carlos em ritmo de aventura*, *Roberto Carlos e o diamante cor-de-rosa* e *Roberto Carlos a 300 quilômetros por hora*, feitos no embalo do sucesso do programa e que emulavam as produções americanas da época, misturas de adrenalina e romance açucarado.

Carismáticos, Roberto, Erasmo e Wanderléa receberam no *Jovem Guarda* muitos nomes que ajudaram a fazer a fama do gênero, como Rosemary, Renato e seus Blue Caps, Wanderley Cardoso, Os Incríveis, Golden Boys, Leno e Lilian, Jerry Adriani e Martinha, entre outros. Hoje cultuado como parte importante da formação da história da música brasileira, na época o movimento não foi totalmente aprovado pela crítica e por parte do público, que o considerava música de alienados. Era um momento crítico da vida nacional, em que muitos jovens se engajavam na luta contra a ditadura militar e celebravam as canções de protesto. Com o fim do programa, a Jovem Guarda perdeu força, mas continuou a influenciar as gerações seguintes.

Milton Gonçalves
Um mestre pioneiro

De aprendiz de sapateiro, alfaiate, farmacêutico, operário numa fábrica de doces e babá, Milton Gonçalves chegou ao topo da carreira de ator. Literalmente. Em 2006, foi indicado ao Emmy Internacional por sua atuação no remake da novela *Sinhá moça*, na TV Globo. É o maior prêmio do setor no mundo. Nascido em 1933 em Monte Santo, Minas Gerais, ele cresceu em São Paulo. Tem um currículo extenso na televisão, mas, como quase todos de sua geração, começou no teatro. Ainda garoto, morando em São Paulo e trabalhando numa gráfica, recebeu a tarefa de imprimir ingressos para uma peça. Curioso, quis saber do que se tratava aquilo, e o rapaz que contratou o serviço, Leonel Cogan, acabou convidando-o para assistir ao espetáculo. Assim, o menino que adorava cinema ficou impressionado "com a força de atores ali, em pessoa, fazendo tudo ao vivo". Começou a trabalhar em teatro amador, deixou a gráfica – contra a vontade da mãe –, construiu uma bonita carreira e alcançou pelo menos um de seus objetivos: "Conquistar o respeito através do trabalho e aprender."

Logo chegou ao Arena, onde estreou em 1957, em *Ratos e homens*, peça de John Steinbeck. Lá, trabalhou na ilustre companhia de Augusto Boal, Oduvaldo Vianna, Gianfrancesco Guarnieri, Flávio Migliaccio, Lima Duarte e Lélia Abramo. Depois de uma turnê pelo país, o grupo aportou no Rio, onde, numa visita à Mangueira, conheceu a mulher, Oda, e sentiu que queria ficar.

Foi levado à Globo em 1965 pelo ator e diretor Otávio da Graça Mello, com quem trabalhara no cinema. E nunca mais saiu de lá. Com Célia Biar, Lima Duarte e Milton Carneiro, integrou o primeiro elenco da emissora. "Havia três estúdios só", lembra ele. A primeira experiência ali como ator foi em *Rosinha do Sobrado*, ao lado de Marília Pêra. Participou ainda dos humorísticos *TV0-TV1* (de 1966 a 1969) e *Balança mas não cai* (1968). Dirigiu várias novelas e seriados, começando por *Irmãos Coragem* (1970), em que também atuava. Esteve em inúmeros momentos-chave da emissora e se mistura à própria história dela. Fez *Vila Sésamo* (1972), *O Bem-Amado* (1973), *Selva de pedra* (1972), *Gabriela* (1975), *Agosto* (1993) e muitos outros programas.

Quando viveu o psiquiatra Dr. Percival de *Pecado capital*, foi interpelado na rua por uma mulher, que gritou: "Me cura, doutor!" Ele conta, com satisfação, que "interpretou personagens que seriam feitos por brancos, o que teve um gosto de vitória contra o preconceito".

Acima, contracenando com Ruth de Souza em *O Bem-Amado*, de Dias Gomes, em 1973. Ao lado, dirigindo a novela *O homem que deve morrer*, de Janete Clair, em 1971.

Na década de 1970, já uma estrela da televisão.

Regina Duarte
A Namoradinha que casou com o público

O país começou a namorar Regina Duarte bem antes de ela se tornar a Namoradinha do Brasil. O apelido só surgiu em 1971, com a novela *Minha doce namorada*, na Globo. Mas já aos 18 anos ela chamava a atenção na TV Excelsior, em 1965, na trama *A deusa vencida*, de Ivani Ribeiro, dirigida por Walter Avancini. Nela, era Malu, personagem venenosa, apaixonada por Tarcísio Meira, que, por sua vez, gostava de Glória Menezes. Ela participaria ainda de outras oito histórias na emissora. Chegou à Globo em 1969 para cumprir uma das mais brilhantes trajetórias de nossa televisão.

Entre todas as atrizes da teledramaturgia, Regina foi a que melhor encarnou na ficção a evolução social por que passaram as mulheres nos últimos 50 anos. Ainda como Namoradinha, fez um inesquecível par com Francisco Cuoco em *Selva de pedra* (1972), de Janete Clair, um romance ao som de "shana-nanana" ("Rock and Roll Lullaby", na voz de B. J. Thomas). Depois, tornou-se o emblema do feminismo no seriado *Malu mulher*, de 1979. Era a época dos casamentos dissolvidos, com as mulheres indo à luta no mercado de trabalho, apenas dois anos após o divórcio ter sido instituído no país. Em 1988, comoveu o Brasil com a Raquel de *Vale tudo* (de Gilberto Braga, Aguinaldo Silva e Leonor Bassères). A personagem era a batalhadora mãe da arquivilã Maria de Fátima (Gloria Pires). Dona de uma ambição desmedida e sem escrúpulos, a moça se envergonhava da família, sobretudo de Raquel. As cenas dos embates entre elas estão entre as mais importantes da história

Em uma cena de *Fogo sobre terra*, novela de Janete Clair, em que vivia Bárbara, em 1974.

das telenovelas. Regina foi também a atriz que interpretou o maior número de Helenas de Manoel Carlos (*História de amor*, 1995; *Por amor*, 1997; e *Páginas da vida*, 2006). Viveu ainda a Maria do Carmo em *Rainha da sucata*, de Silvio de Abreu (1990).

Com a Viúva Porcina, de *Roque Santeiro* (1985), numa trama cheia de alegorias, abraçou uma personagem forte, madura, independente e exuberante. "Para mim, Porcina é sinônimo de alegria e de liberdade como mulher", resumiu ela ao projeto Memória Globo. Na história de Dias Gomes e Aguinaldo Silva, teve cenas antológicas com José Wilker (Roque Santeiro) e Lima Duarte (Sinhozinho Malta), algumas famosas pelas numerosas páginas de texto. Porcina e Sinhozinho Malta foram uma das mais poderosas duplas a encantar o país. Regina, como poucas atrizes, soube se superar a cada momento e, por isso, foi sempre contemporânea a seu tempo.

Com Glória Menezes em *Rainha da sucata*, de Silvio de Abreu, em 1990. Regina era a emergente Maria do Carmo; Glória, a falida Laurinha Figueiroa.

Tony Ramos
O bom-moço, o ótimo vilão, o colega adorado

"Dedico ao fracasso e ao sucesso a exata atenção", disse Tony Ramos em certa ocasião. E assim, concentrado em seus papéis e alheio a qualquer comportamento de estrela, Antônio de Carvalho Barbosa tornou-se um astro de nossa televisão. Fez mais mocinhos que vilões, mas todos eles com brilho. E sempre mantendo uma fama unânime de ótimo colega, generoso e gentil. Nascido no Paraná, mas criado em São Paulo, subiu ao palco pela primeira vez aos 11 anos, no Liceu Acadêmico de São Paulo, para apresentar um espetáculo amador, escrito por ele. Pouco mais tarde, aos 15 anos, fez um teste para o programa *Novos em foco*, da TV Tupi. Num texto autobiográfico que escreveu para a revista *Manchete* em 1979, lembrou os primórdios na emissora: "Era, para mim, o maior corredor do mundo, o da Tupi, onde vi em carne e osso ídolos como Lima Duarte, Juca de Oliveira, Laura Cardoso e Geórgia Gomide." Ele fez 16 novelas lá. A primeira delas, em 1965, com Walmor Chagas e Juca de Oliveira, foi *A outra*, de Walter George Durst. Depois, vieram várias produções igualmente marcantes, como *Antônio Maria* (1968), *Nino, o italianinho* (1969) e *Simplesmente Maria* (1970), em que teve um personagem de destaque e contracenou com Yoná Magalhães. Tony também esteve no elenco de *A viagem*, em 1975.

Dois anos mais tarde, trocou a Tupi pela Globo e ganhou um papel em *Espelho mágico*,

Com Nicette Bruno, no remake de *Selva de pedra*, de 1986. O elenco ainda contava com Christiane Torloni e Fernanda Torres, entre muitos outros.

Com Glória Menezes, em uma cena de *Pai herói*, de 1979. A trama foi reprisada pelo Canal Viva em 2016 com grande repercussão.

Como o grego Nikos Petrakis em *Belíssima*, de Silvio de Abreu, em 2005. Ele fazia par com Irene Ravache, a Katina.

de Lauro César Muniz. Ainda em 1977, passou a apresentar o *Globo de Ouro* com Christiane Torloni. E, em dezembro, estreou em *O astro*, de Janete Clair, em que vivia o filho de Salomão Hayala (Dionísio Azevedo) e formava um par com Elizabeth Savala. Seu personagem fazia voto de pobreza e tirava a roupa lá pelo meio da novela, numa cena que ficou famosa. Ele e Savala voltaram a contracenar em *Pai herói* (1979), também de Janete. Àquela altura, sua carreira na televisão já estava mais do que consolidada. Paralelamente, fez teatro e cinema, também com igual êxito. Vieram inúmeras novelas e séries até que, quando estava no ar em *O rebu*, em 2014, como um vilão, celebrou 50 anos de televisão. É uma marca e tanto, que, no caso dele, não soa como uma linha de chegada ao fim de uma corrida. Tony Ramos soube ver desafio em cada personagem e driblar as repetições. O público sabe que, quando ele entra em cena, vai surpreender.

Dr. Roberto, como era chamado por todos os colaboradores próximos.

Roberto Marinho
O jornalista que fundou um império

Num trecho do livro *Roberto Marinho*, publicado em 2005, o jornalista Pedro Bial descreve assim seu perfilado: "Quando jovem, procurou a companhia dos mais velhos. Quando velho, deu poder a jovens." A observação pode ajudar a compreender a trajetória de sucesso no mundo das comunicações do carioca nascido em dezembro de 1904, filho do jornalista Irineu Marinho, e que bem cedo, aos 20 anos, herdou a responsabilidade de levar adiante o recém-criado jornal do pai, *O Globo*. Corria o ano de 1925 e, em 29 de julho, Irineu fundara o diário, mas morreria pouco depois, em 21 de agosto, vítima de um enfarte. Ainda no início da profissão, Roberto Marinho não assumiu de imediato o jornal, como era de esperar de um herdeiro. A tarefa ficou a cargo de Eurycles de Mattos, um dos companheiros do pai na nova empreitada. O jovem Roberto tornou-se secretário de redação, observando atentamente, durante muitos anos, o cotidiano dos veteranos amigos de Irineu no comando do jornal. Só assumiu o cargo de diretor-redator-chefe de *O Globo* em 1931, com a morte de Eurycles. Naquele momento, a companhia dos mais velhos foi fundamental para pavimentar a longa estrada que se iniciava.

Corta para abril de 1965. Depois de muitos anos tentando a concessão de um canal de TV – o primeiro pedido foi feito pela Rádio Globo em 1951 ao então presidente Eurico Gaspar Dutra –, Roberto Marinho finalmente inaugura a TV Globo, no Jardim Botânico, Rio

No jornal *O Globo*. Dr. Roberto visitou o jornal rotineiramente até o fim.

de Janeiro, quando já estava com 60 anos. Num mercado dominado por outras emissoras, como a TV Tupi, a primeira do Brasil (fundada em 1950), a Excelsior e a Rio, a iniciativa foi vista por muitos como uma insanidade. Poucos meses depois, em dezembro, Roberto Marinho entregou a direção da TV a um jovem talento, Walter Clark, que logo convidou para trabalhar com ele um amigo, José Bonifácio de Oliveira Sobrinho, o Boni.

Ao lado, com J.U. Arce, Boni, Walter Clark e Joe Wallach. Abaixo, entre Rogério e Ricardo Marinho, em 1966.

Com Joe Wallach, executivo do grupo americano Time-Life, com o qual Marinho fizera um contrato de assistência técnica para os primeiros anos da TV – o acordo, que gerou polêmica, uma CPI e uma grande campanha contra a emissora, foi encerrado em 1971 –, o trio fez história. "[Roberto Marinho] Acreditou no Walter Clark, em mim e no Joe Wallach quando ainda éramos muito jovens. Eu e o Walter tínhamos pouco mais de 30 anos de idade. O Joe, não muito mais que 40", contou Boni em depoimento à revista *Época* em 2015. Naquela ocasião, dar poder aos moços foi uma decisão visionária para a construção da que viria a ser, poucos anos depois, a maior rede de televisão do país.

Fascinado pelo novo meio de comunicação desde os primórdios da TV no Brasil, Marinho não mediu esforços, desde o início, para criar uma rede nacional. No mesmo ano da inauguração do canal 4 no Rio, ele comprou a TV Paulista, canal 5, depois TV Globo de São Paulo. Em 1968 inaugurou a Globo de Belo Horizonte, em 1971 a de Brasília e em 1972 a de Recife. Embora o *Jornal Nacional* tenha sido o primeiro programa a ser transmitido em rede para o país, em 1969, o conceito de rede só se consolidaria mesmo em 1975, quando a Globo passou a exibir grande parte de sua programação para todo o Brasil – muitos programas ainda eram gravados e os videoteipes enviados para as sucursais e afiliadas. Em 1983, ele recebeu o Emmy Internacional na categoria Personalidade Mundial da Televisão.

Os primeiros estúdios da emissora foram construídos basicamente para o jornalismo, "uma vocação que o doutor Roberto havia definido quando o prédio foi projetado", lembrou Boni. Embora cada vez mais empresário, ele gostava de lembrar sua formação e de ser conhecido como jornalista. Sob sua orientação, o peso dos programas de cunho jornalístico na grade sempre foi grande, ainda que as novelas, que tornaram a Globo internacionalmente conhecida, sejam a face mais popular da emissora.

O homem que brincava com a eternidade – são conhecidas as suas frases iniciadas com "Se eu morrer…" – continuou a fazer planos sem ligar para o fator tempo. Em 1995, aos 90 anos, inaugurou a Central Globo de Produção, o Projac, complexo de estúdios que ajudou a reduzir os altos custos do monta-e-desmonta de cenários para dar conta da ampla programação.

Ao morrer, em agosto de 2003, aos 98 anos, Roberto Marinho tinha erguido um império de mídia e podia se gabar de ter mudado a história da TV no país. A Globo foi a primeira a transmitir via satélite (Hilton Gomes enviou imagens de Roma e uma entrevista com o Papa Paulo VI, feita na véspera); a mostrar uma Copa do Mundo (a de 1970) ao vivo; a produzir uma novela em cores (*O Bem-Amado*, em 1973); e a apostar em programas de conteúdo interativo (*Você decide*, em 1992), entre outros pioneirismos. Como ele mesmo disse na época da inauguração do Projac: "Acreditamos no sonho e construímos a realidade."

Benedito
Ruy Barbosa,
em 1991.

Benedito Ruy Barbosa
O contador de histórias do campo

Dentre os autores de novelas do primeiro time, Benedito Ruy Barbosa foi o único que passou por todas as emissoras abertas do país e sempre com histórias de sucesso. Retratou como ninguém o ambiente rural, mas também criou inúmeras tramas urbanas. Tanta versatilidade espelha a própria história de vida dele. Benedito nasceu na cidade de Gália, interior paulista, filho e neto de jornalistas. Ele gosta de dizer que foi criado "dentro da tipografia da família". Aos 7 anos, quando ingressou na escola primária, já lia com facilidade, graças à influência do pai. Não era apenas um mero consumidor de histórias infantis, como *Peter Pan* e *Os três mosqueteiros*, que o marcaram. Seu apetite para os livros era desprovido de barreiras e, ainda pré-adolescente, devorou obras que não tinha maturidade para compreender, como *A metamorfose*, de Franz Kafka, e *Os três*, de Máximo Górki. Ele relatava para os amigos aquilo que lia, e aí nasceu o autor de 38 novelas, que começou na TV Paulista e assinou a primeira delas, *Somos todos irmãos*, em 1966, na TV Tupi. De lá para cá, escreveu tramas como *Jerônimo, o herói do sertão* (1972, TV Tupi), *Meu pedacinho de chão* (1971, Globo), *Os imigrantes* (1981, TV Bandeirantes), *Pantanal* (1990, Manchete), *Renascer* (1993, Globo), *O rei do gado* (1996, Globo) e *Terra nostra* (2000, Globo).

Autor de muitas histórias ambientadas na cidade, Benedito não gosta de ser classificado como um especialista no universo rural. Considera que seja uma redução para quem "já teve mais de 30 profissões", como agricultor, redator de publicidade e jornalista com passagem por todas as principais publicações de São Paulo na década de 1960. Mas diz que conhece demais esse universo, pois veio, ele próprio, do campo. Sua experiência na roça, plantando café e algodão na cidade natal, contribuiu para isso. Sem falar no apreço pelo interior, que se manifestou nas inúmeras viagens de férias em que preferiu visitar o Pantanal a embarcar para a Europa. Não são só os cenários do Brasil profundo que Benedito domina tão bem. Ele soube traduzir o sentimento do homem do campo e suas crenças, e se arriscou no universo dos tipos do folclore, sem nunca perder de vista o realismo. Foi assim com o Velho do Rio, figura mágica que Cláudio Marzo interpretou em *Pantanal*. E com tipos recorrentes na sua obra, como a professora de crianças pequenas e o padre com ideias progressistas, ambos vistos novamente em *Velho Chico* (2016).

Dina Sfat
Presença inesquecível

Linda, talentosa, inteligente e uma presença forte em cena, Dina Sfat já tinha uma carreira sólida construída no teatro quando chegou à TV Tupi, na novela *Ciúme*, em 1966. Trabalhou com Augusto Boal e Gianfrancesco Guarnieri. Tinha feito barulho ao substituir Ítala Nandi na peça *O rei da vela*, dirigida por José Celso Martinez Corrêa. A musa do teatro virou musa na televisão. Na Tupi, atuou em *A intrusa* (1967), de Geraldo Vietri, e teve sua primeira parceria com Janete Clair na Record, em *Os acorrentados* (1969). A atriz estourou na Globo como par de Jardel Filho em *Verão vermelho* (1970), de Dias Gomes. Casada com Paulo José, engravidou de Bel Kutner durante a novela e o jeito foi fazer sua personagem, Adriana, dar à luz também.

Era uma atriz do drama. "Imagina se posso ser da comédia! Filha de dona Noêmia, de uma dinastia de mulheres dramáticas, melodramáticas", declarou certa vez. Janete Clair, a grande autora nos anos 1970, percebeu logo a intensidade de Dina com um texto carregado de emoção na mão. Gostou tanto que escreveu vários papéis especialmente para ela. Foi um encontro poderoso de talentos. Em 1972, como a vilã neurótica de *Selva de pedra*, de Janete, fez tremer o Brasil. A autora não tinha freios ao ir fundo no folhetim rasgado. E a atriz embarcava, sem pudor. Sua personagem, Fernanda, desenvolveu uma verdadeira obsessão por Cristiano (Francisco Cuoco). Sentindo-se trocada por Simone (Regina Duarte), armou uma vingança terrível: sequestrou a mocinha, que trancafiou numa casa na serra. Esse jogo mexicano se arrastou e rendeu. Dina voltou a reeditar a dupla com Janete em *Fogo sobre terra* (1974); *O astro* (1977), em que fez par com Francisco Cuoco, o Herculano Quintanilha; e *Eu prometo* (1983). Em 1975, deu outra demonstração de entrega total em *Gabriela*. Ela foi Zarolha, moça bonita do Bataclã, cujo leve defeito no olho exigiu uma obra de maquiagem bem-feita. No ano seguinte, fez par com Ary Fontoura em *Saramandaia*, de Dias Gomes.

Toda essa força que colocava a serviço dos muitos papéis que desempenhou até morrer, em 1988, aos 50 anos, vítima de câncer, também se manifestava na corajosa defesa das causas em que acreditava. Ela lutou contra a ditadura militar e teve voz ativa na campanha das Diretas Já.

Dina Sfat, uma das atrizes favoritas de Janete Clair.

Jacinto Figueira Júnior, apresentador do programa *O Homem do Sapato Branco*, a caráter no estúdio.

O Homem do Sapato Branco
Pôs o mundo cão na tela

Se hoje as atrações de jornalismo show proliferam pela televisão, é porque um dia existiu Jacinto Figueira Júnior. Mais conhecido pelo epíteto "O Homem do Sapato Branco", ele foi o criador da expressão "mundo cão" e se orgulhava disso. Dava tratamento de grande cobertura a pequenos dramas de periferia, era um patrocinador do sensacionalismo e buscava as lágrimas daqueles que recebia em seu palco. Em sua longa carreira, chegou a mostrar uma cirurgia de transplante de córnea e uma cesariana. Convidava casais em conflito para lavar roupa suja no ar e transformava qualquer pendenga em guerra nuclear. Bizarrices e casos de paranormalidade também faziam parte de seu repertório. Era um fornecedor de molduras de luxo à miséria humana. Carlos Massa, o Ratinho, João Kléber, Geraldo Luís e outros, de gerações mais jovens, são seus sucessores.

Jacinto nasceu em São Paulo, em 1927, e, antes de fazer carreira na televisão, foi crooner de um conjunto musical, Júnior e Seus Cowboys. Chegou a gravar um disco e, para sobreviver, atuava como corretor de anúncios na Rádio Cultura. Passou pela Rádio Nacional de São Paulo, onde teve suas músicas bastante tocadas. Na TV, começou em 1963, na Cultura, com o programa *Fato em foco*, em que já investia no filão populista dos pequenos dramas do cotidiano, e um ano depois fez *Câmera indiscreta*.

O sucesso, porém, só veio em 1966, com *O Homem do Sapato Branco*, que estreou na Globo. Ele atraía audiências imensas. O apelido acabou ficando conhecido a ponto de quase ninguém saber qual era seu verdadeiro nome. O personagem – alegou ele, muito à sua maneira, em muitas entrevistas que deu – era "inspirado em Friedrich Nietzsche e Schopenhauer", dos quais afirmava ter lido todos os livros. Segundo gostava de dizer, "ambos mencionaram muito em suas obras os homens de sapato branco: médicos, dentistas, enfermeiros. Pessoas que realmente queriam ajudar o próximo, como eu". Na abertura de seus programas, a câmera focalizava os passos de um par de sapatos brancos ao som de música dramática. Esta se tornou a marca que ele carregou sempre.

Sua carreira foi de altos e baixos e cercada de algumas polêmicas. Na véspera do Natal de 1968, prometeu uma distribuição de presentes na porta da Globo em São Paulo. Cerca de 50 mil pessoas compareceram, houve tumulto e feridos. Depois, teve uma passagem pela política, foi deputado eleito e cassado pelo AI-5 em 1969. Na época da ditadura militar, ele se afastou da televisão. Voltou nos anos 1980 e levou o personagem para a Bandeirantes, para a Record e para o SBT. Nos anos 1990, tornou-se repórter do policialesco *Aqui agora*, dirigido por Wilton Franco, no SBT. Em 1997, com problemas de saúde, o homem que foi fundador de uma escola encerrou sua carreira de apresentador. Ele morreu em 2005.

Daniel Filho, num registro de 2004.

Daniel Filho
Criador, ator, diretor

Em mais de quatro décadas de trabalho na TV Globo, Daniel Filho teve seu nome ligado, como diretor, produtor, supervisor ou ator (às vezes tudo junto), a dezenas de atrações, entre novelas, séries, minisséries e especiais. Uma longa e frutífera carreira iniciada em 1967, quando o carioca, filho de um catalão e de uma argentina, que desde cedo já respirava arte no circo dos pais, foi convidado por Boni para substituir Ziembinski na direção de *A rainha louca*, de Glória Magadan. Ali, mesmo enfrentando a resistência inicial do elenco, Daniel conseguiu mudar o ritmo das cenas, imprimindo velocidade e um quê de cinema à trama rocambolesca da autora, passada no México do século XVIII. O diretor conquistou a equipe, ganhou muitos elogios e iniciou sua caminhada repleta de sucessos na emissora, onde ocupou os cargos de produtor-geral de dramaturgia (de 1970 a 1975) e diretor da Central Globo de Produções (1984 a 1991) e da Central Globo de Criação (1999).

Daniel iniciou sua trajetória artística como ator, função que sempre gostou de desempenhar, no teatro de revista, aos 15 anos. Fez sua estreia televisiva em 1956, na TV Rio, participando do programa *Teatro Moinho de Ouro*, onde trabalhou com grandes atores. Na Tupi, logo em seguida, participou do teleteatro *As aventuras de Eva*, com Eva Todor, e também fez o Visconde de Sabugosa na adaptação de *O Sítio do Picapau Amarelo*. Na Tupi, começou a aprender direção e, depois, na TV Paulista e na Excelsior, continuou a mergulhar nessa vertente, sem deixar de lado a atuação (sua primeira participação em filmes foi em *Colégio de brotos*, de Carlos Manga, em 1956). Eram tempos pioneiros da TV no país, e a liberdade de exercer vários papéis diante e por trás das câmeras proporcionou a Daniel uma grande escola.

Ao chegar à Globo em 1967, portanto, ele não era mais um novato. Depois do teste de fogo com *A rainha louca*, Daniel iniciou sua bem-sucedida trajetória não só de diretor como também de criador. Foram mais de 70 novelas, 20 minisséries, 12 seriados e diversos musicais, programas de humor e especiais que tiveram seu nome creditado na direção, supervisão e/ou produção, sem contar os papéis como ator, claro. "Acredito que eu seja melhor produtor, mas eu gosto de dirigir e de representar. Já fui vários diretores, e a felicidade é eu ter podido fazer tudo o que fiz. Porque a televisão deixa exercer a liberdade de criação e de busca", disse ele, em depoimento ao projeto Memória Globo.

Com Janete Clair, que entrara na Globo no mesmo ano que ele, estabeleceu uma grande amizade, encontrando na autora a parceira ideal para construir uma nova era da teledramaturgia. Com a saída de Glória Magadan, em 1969, e de seus folhetins antigos, Janete teve autonomia e incentivo para escrever para um Brasil que se modernizava, apresentando tramas atuais, como *Véu de noiva*, *Irmãos Coragem*, *Selva de pedra* e *O astro*,

Com Boni e Roberto Marinho, festejando o Prêmio Iris, conquistado por *Malu mulher* na categoria "melhor produção estrangeira exibida pela televisão", nos Estados Unidos, em 1980.

Entre Marcos Paulo, Tônia Carrero e Gilberto Braga, em 1983.

entre tantas outras que tiveram Daniel Filho como diretor, produtor ou supervisor. Era um jeito novo e dinâmico de se fazer novelas. Com *Pecado capital* (1975), escrita às pressas por Janete para cobrir o buraco deixado pela ausência de *Roque Santeiro*, censurada no dia da estreia, Daniel conquistou o prêmio de melhor diretor pela Associação Paulista de Críticos de Arte (APCA).

Também se deve a Daniel a concepção de projetos inovadores como *Ciranda cirandinha* (1978), que falava de uma geração de jovens espremida entre o fim do sonho do desbunde e a dura vida real, sem grandes ideologias, e *Malu mulher* (1979), uma bandeira feminista em tempos difíceis. Na área do humor, foi responsável por levar para as telinhas um retrato bem-feito da família brasileira com *A grande família* (1972), de Oduvaldo Vianna Filho e Armando Costa, sucesso até hoje guardado na memória dos fãs. A lista de realizações é imensa e passa também por musicais e minisséries primorosas, como *O primo Basílio* (1988), adaptação de Gilberto Braga e Leonor Bassères da obra de Eça de Queiroz que ele dirigiu.

Entre 1991 e 1995, Daniel se afastou da Globo para dirigir a série *Confissões de adolescente* (TV Cultura). Em 1994, foi para a TV Bandeirantes na função de superintendente de operações e programação. Em 1995, voltou à Globo e, até sua saída da casa, em 2015, participou da criação do humorístico *Sai de baixo* e esteve à frente de séries como *A justiceira*, *As cariocas* e *As brasileiras*.

Apaixonado por cinema – ajudou a criar a Globo Filmes, em 1997 –, Daniel participou como ator em dezenas de filmes. Como diretor e produtor, esteve em *O cangaceiro trapalhão* (1983), *A partilha* (2001), *Primo Basílio* (2007), *Se eu fosse você* (2006) e *Se eu fosse você 2* (2009), *Confissões de adolescente* e muitos outros. Em 2016, produziu outro sucesso, *É fada*, adaptação de *Uma fada veio me visitar*, da autora best-seller Thalita Rebouças. Dirigido por Cris d'Amato, o elenco trouxe como protagonista a vlogueira e escritora Kéfera Buchmann.

Família Trapo
Diversão no palco, diante da plateia

Bronco era bronco mesmo e gostava de atazanar a vida da irmã, do cunhado, dos sobrinhos e até do mordomo, fiel ao melhor estilo "Perco um parente, mas não perco uma piada". Assim era o malandro Carlos Bronco Dinossauro, principal personagem de *Família Trapo*, vivido pelo impagável Ronald Golias (1929-2005) no programa exibido pela TV Record entre 1967 e 1971. Criação de Nilton Travesso, A. A. de Carvalho, Raul Duarte e Manoel Carlos, com roteiros de Carlos Alberto de Nóbrega e Jô Soares, e direção de Travesso, Manoel Carlos e Tuta de Carvalho, a atração fez enorme sucesso, sendo líder de audiência no horário em seus três primeiros anos. O humor ingênuo, as caretas de Golias, seus improvisos e os erros de gravação que eram levados ao ar faziam a festa do público nas noites de sábado.

O programa era gravado no teatro da Record, em São Paulo, e a plateia acabava incorporada ao show, sendo focalizada às gargalhadas o tempo inteiro. Mesmo com a cobrança de ingressos, havia filas na porta para tentar um lugar diante do palco e rir, em primeira mão, com o grande elenco: também estavam na série Otello Zeloni (Peppino Trapo, o cunhado), Renata Fronzi (Helena Trapo, a irmã de Bronco), Cidinha Campos (Verinha) e Ricardo Corte Real (Sócrates), sobrinhos de Bronco, além de Jô Soares no papel do mordomo Gordon. A bagunça já começava pelo nome, pois Família Trapo era uma clara brincadeira com a Família Von

Os hoje consagrados, mas em 1967 ainda iniciantes Jô Soares, Ronald Golias e Branca Ribeiro em *Família Trapo*, na Record.

Na capa da revista *Intervalo*, de novembro de 1968, uma mostra de que o programa estava fazendo sucesso.

Renata Fronzi, Otello Zeloni e Ronald Golias em 1970.

Trapp, do musical *A noviça rebelde*, lançado nos cinemas em 1965. À vontade no palco, Golias dava reviravoltas no texto com seus cacos e interrompia as cenas para ir ao banheiro (avisava "Já volto!"). Todo o material era aproveitado e exibido. Era como se os telespectadores, nas poltronas de casa, estivessem lá na plateia da gravação.

O seriado recebia muitos convidados especiais. Passaram pela sala da Família Trapo nomes como Jair Rodrigues, Hebe Camargo, Ronnie Von e Nara Leão. Infelizmente não sobraram muitos registros do programa. Um dos raros que se salvaram é o episódio do qual Pelé participa. Bronco está irritado com o sobrinho e com Gordon, que querem tirá-lo de sua posição no time de futebol e trazer alguém com mais experiência para ganhar um jogo decisivo. É aí que Pelé entra em cena. Bronco, que não reconhece o Rei, quer testar se o "novato" é habilidoso mesmo e ainda lhe dá conselhos, humildemente aceitos.

Embora tenha sido criado por Golias para o rádio, em 1955, Bronco conquistou mesmo sua fama em *A Família Trapo*. E, na esteira desse sucesso, o personagem seria revivido pelo humorista em *Super Bronco* (TV Globo, 1979), *Bronco* (TV Bandeirantes, 1987) e *Meu cunhado* (SBT, 2004).

O Capitão Gay, personagem marcante de Jô no *Viva o Gordo*, da Globo, em 1982.

Jô Soares
Homem renascentista

Poucas figuras de nossa televisão são tão prolíficas e têm um talento de tão amplo espectro quanto Jô Soares. Roteirista, ator, escritor, dramaturgo, conhecedor de música e entrevistador, exerceu todas essas atividades com igual verve e brilho. Começou em 1967, como coautor, com Carlos Alberto de Nóbrega, dos roteiros de *Família Trapo*, da Record. Na frente das câmeras, interpretava o mordomo Gordon.

Em 1970, já na Globo, foi ao ar o primeiro de seus muitos humorísticos na emissora, *Faça humor, não faça guerra*. Entre tantos personagens lembrados até hoje, havia Norminha, que traduzia bem o espírito da década. Ela era hippie e seu bordão, "Paz, amor, som e... Norminha!", caiu instantaneamente na boca do povo. Em plena Guerra Fria, era uma brincadeira com o slogan pacifista do movimento contra a Guerra do Vietnã. Depois disso, vieram *Satiricom* (1973) e *O planeta dos homens* (1976). Em 1981, ele teve seu próprio programa, *Viva o Gordo* (direção de Walter Lacet e Francisco Milani e roteiros de Armando Costa). Como o título indicava, a autoironia também sempre fez parte do seu repertório. Nessa época, nasceram novos tipos lendários. Um deles era Sebastião, Codinome Pierre, o último exilado em Paris. Sebá, como se apresentava, estava sempre ao telefone com a mulher, Madalena, que morava no Rio e nunca mandava a passagem para que ele

Com Paulo Silvino, em *O planeta dos homens*, em 1979.

Acima, no estúdio da Globo, em São Paulo, onde era gravado o *Programa do Jô*, num registro de 2014. E ao lado, no *Satiricom*, em 1973, com Agildo Ribeiro, José Vasconcellos e Renato Corte Real.

voltasse. Na França, o personagem se virava como podia com orçamento curto, o que inspirou pérolas como "Madalena, je vis de bec" (eu vivo de bico, em franco-português). Do outro lado da linha, ela dava notícias ruins para justificar o atraso no envio do bilhete. E ele lamentava: "Você não quer que eu volte... Amancebou-se?" Como Norminha e Sebá, Tânia, a comunicóloga, de *O planeta dos homens*, também entrou para sua galeria de criações que ecoam ainda hoje na memória de quem assistiu.

Em 1986, Jô propôs a Boni fazer um programa de entrevistas na Globo, mas ouviu dele que "na grade da emissora não haveria espaço para esse tipo de atração". A negativa motivou sua transferência para o SBT e um rompimento com o então executivo da emissora. Hoje, Jô qualifica o acontecido como "uma briga de namorados, de duas pessoas que se amam".

No ano seguinte, trabalhando para Silvio Santos, estreou *Veja o Gordo*. Seis meses mais tarde, lançou o *Jô Soares onze e meia*. Conta Jô que a ideia de fazer um talk-show diário foi do próprio Silvio, dono de "uma intuição espetacular". Em 1987, ao receber o Troféu Imprensa de melhor humorista, ainda magoado, Jô leu no ar um texto duríssimo contra a Globo que havia publicado em sua coluna no *Jornal do Brasil*. É que, em represália à sua saída, Boni proibira a exibição de qualquer anúncio em que ele aparecesse. A interdição foi suspensa pessoalmente por Roberto Marinho.

O *late show* ficou no ar de 1988 até 1999 com sucesso absoluto. Todo mundo queria sentar no sofá dele, saber o que havia dentro da caneca na qual ele bebericava a noite toda e ouvir a banda que o acompanhava. Não houve figura importante que não tenha passado por lá. O formato era uma versão daqueles que proliferaram na TV americana nos anos 1980/1990. Podia ser genérico, mas o apresentador, não. Cabia a ele se mostrar uma figura única, capaz de comandar com estilo, consistência e charme próprio um show que parecia de bolso, mas envolvia plateia, convidados, banda e uma equipe de peso por trás. Uma tarefa para poucos. Se o convidado era fraco, Jô, piadista e experiente, compensava tudo.

Em 2000, ele voltou para a Globo e estreou o *Programa do Jô*. A primeira entrevista foi com Roberto Marinho, um amigo desde sempre. Quando se mudara para o SBT rompido com Boni, Jô fora convidado para jantar com ele, que fizera questão de contar a Boni sobre o encontro. Em 2015, o versátil entrevistador anunciou o encerramento de seu programa na Globo.

Paulo Gracindo, em 1971, como o chefão do jogo do bicho Tucão, de *Bandeira* 2.

Paulo Gracindo
Em tudo Bem-Amado

A longa história da TV brasileira, iniciada em 1950, legou à teledramaturgia algumas dezenas de personagens inesquecíveis. Apesar dessa trajetória tão rica e prolífica, não é nenhum exagero dizer que um dos maiores entre esses maiores foi Odorico Paraguaçu, protagonista da novela O Bem-Amado, criação genial de Dias Gomes exibida em 1973. O motivo do sucesso tem nome e sobrenome: Paulo Gracindo. Ele incorporou com tamanha entrega o prefeito corrupto da cidade de Sucupira que chegava a incluir, com o aval do autor, neologismos e expressões que foram copiados pelo país inteiro e até hoje estão na memória de muita gente. O ator reconhecia que o político, inspirado em tantos coronéis do interior do Brasil, foi seu maior personagem. Paulo e Odorico voltaram ao ar em 1980, no seriado homônimo também escrito por Dias Gomes.

Paulo Gracindo nasceu no Rio de Janeiro, em 1911, e cresceu em Alagoas. Recebeu o nome de Pelópidas Guimarães Brandão Gracindo. Já nos anos 1930 e 1940, integrava importantes companhias teatrais. E, como todo ator da época, também teve no rádio um palco privilegiado. Na Rádio Nacional, nos anos 1950, foi locutor, apresentador de shows musicais, produtor e radioator, interpretando Albertinho Limonta na clássica radionovela O direito de nascer. Foi também ali que ele encarnou outro personagem memorável, num dos quadros de um programa igualmente inesquecível: o Primo Rico

Com Vera Fisher em *Sinal de Alerta*, novela de Dias Gomes e Walter George Durst, em 1978.

do humorístico *Balança mas não cai* (1953), em que contracenava com Brandão Filho, o Primo Pobre. O programa foi importado depois pela televisão. Estreou em 1968, na Globo, com igual sucesso e com os mesmos atores nos papéis da dupla que vivia se alfinetando, um esnobando e outro invejando.

A estreia de Gracindo na emissora, porém, ocorrera em 1967, quando interpretou o Conde Demétrio em *A rainha louca*, uma das histórias mirabolantes de época assinadas por Glória Magadan. De Glória ele também fez *A gata de vison* (1968), um dos últimos trabalhos da autora na emissora.

Mesmo que Odorico Paraguaçu tenha ofuscado, com razão, outros personagens de Paulo Gracindo em novelas ou minisséries, o ator, que morreu em 1995, também conquistou o público com tipos distintos como o bicheiro Tucão, da novela *Bandeira 2* (1971), de Dias Gomes; ou Betinho, marido de Laurinha Figueroa (Glória Menezes) em *Rainha da sucata* (1990), de Silvio de Abreu. E ainda emocionou os telespectadores em *Casarão* (1976), de Lauro César Muniz, em que interpretou o artista plástico João Maciel, que vivia uma dolorida história de amor com Carolina (Yara Cortes), só resolvida com um final feliz na velhice de ambos.

Paulo Gracindo e Marília Pêra em cena da novela *Bandeira 2*, Rede Globo, 1971.

Antonio Fagundes
O dono do mundo das novelas

Caminhoneiro em *Carga pesada*, executivo que se casava com a herdeira das empresas onde trabalhava em *Vale tudo*, cirurgião plástico canalha em *O dono do mundo*, representante do coronelismo em *Velho Chico*, Antonio Fagundes transitou por todos os tipos na televisão. No cinema, dono de uma extensa filmografia, foi até o Todo-Poderoso em *Deus é brasileiro* (de Cacá Diegues, em 2003). No teatro, sua maior paixão, a estrada também foi longa. Muitos atores circularam em todas essas vertentes, mas poucos como ele, capaz de estar no ar e em cartaz no palco simultaneamente e desempenhando papéis complicados. Embora tenha interpretado muitas vezes o mocinho e arregimentado inúmeras fãs, não se deixou aprisionar nos limites do papel de "galã": "A palavra galã tem a conotação de cara bonito e burro. E esse risco eu não corro: não sou nem bonito nem burro", disse ele numa entrevista à revista *Veja* em 1982. Estava certo.

Nascido no Rio de Janeiro em 1949, mudou-se para São Paulo com a família aos 8 anos. Já na escola sua vocação artística teve espaço para se manifestar e ele se envolveu com grupos de teatro amador. Em 1966, isso ficou para trás e ele passou a integrar o elenco do Teatro de Arena de São Paulo, um grupo profissional e conhecido, onde grandes talentos foram moldados. Depois, fundou a Companhia Estável de Repertório e escreveu peças: *Pelo telefone* (1980) e *Sete minutos* (2002). A atividade de autor, aliás,

Como o fazendeiro José Inocêncio, da novela *Renascer*, de Benedito Ruy Barbosa, em 1993.

acompanhou-o na carreira na televisão. Ele assinou, entre outros textos, alguns episódios de *Carga pesada*, em que também atuava ao lado de Stênio Garcia.

No fim dos anos 1960, na Tupi, fez *Antônio Maria* e *Bel-Ami* (1972). De Ivani Ribeiro, atuou em *Mulheres de areia* (1972) até estrelar *O machão*, em 1974. Foi uma das novelas mais longas da televisão brasileira, com 365 capítulos – embora eles tivessem apenas 20 minutos

O Edu, fotógrafo de moda da minissérie *Amizade colorida*, na Globo, em 1981.

Com Sonia Braga, na novela de Gilberto Braga *Dancin' days*, em 1978. Eles formaram o casal Cacá e Júlia.

de duração. Transferiu-se para a Globo em 1976, para fazer *Saramandaia*, de Dias Gomes. Depois, veio *Nina* (1977), de Walter George Durst, novela com a qual ganhou o prêmio de melhor ator da APCA (Associação Paulista de Críticos de Arte). Em 1978, estourou como o mocinho Cacá de *Dancin' Days*. A novela das oito de Gilberto Braga, que tinha ainda no elenco Sonia Braga, Joana Fomm e Gloria Pires, virou febre, conquistou as plateias. Fagundes consolidava ali seu lugar no primeiro time de atores da televisão. Em seguida, entre outras séries e novelas, participou de *Carga pesada* (de 1979 a 1981, na primeira versão, e de 2003 a 2007, na segunda), *Amizade colorida* (1981), *Louco amor* (1983), *Vale tudo* (1988), *Renascer* (1993), *O rei do gado* (1996), *Terra nostra* (1999) e *Velho Chico* (2016). Sempre em papéis de destaque, atribuindo um carimbo pessoal a cada personagem.

Balança mas não cai
Com os ecos do rádio

Muito do humor que chegava à TV nos anos 1960 era herança do rádio, ainda o principal veículo de comunicação de massa no país. Com *Balança mas não cai* não foi diferente. Grande sucesso da Rádio Nacional na década de 1950, o programa, escrito por Max Nunes e Haroldo Barbosa, estreou na TV Globo em 1968 sob direção de Lúcio Mauro e com apresentação de Augusto César Vannucci. Não demorou muito para que o êxito conquistado nos tempos do rádio fosse amplificado pela TV. Personagens como Primo Rico e Primo Pobre, dupla inesquecível vivida por Paulo Gracindo e Brandão Filho, respectivamente, conquistaram os telespectadores. Bordões como "Eu só abro a boca quando tenho certeza!", dito depois de cada asneira proferida por Ofélia (Sônia Mamede), a mulher burríssima e muito amada de Fernandinho (Lúcio Mauro) – uma espécie de "avó" da Magda de *Sai de baixo* –, são até hoje lembrados e usados entre bons (e contemporâneos) entendedores.

O programa que chegou à TV, exibido nas noites de segunda-feira, mantinha a estrutura do original radiofônico, no qual o público conhecia as graças e as mazelas dos moradores de um imenso edifício no Rio, inspirado, de acordo com Max Nunes, num dos muitos cortiços que proliferaram na metrópole carioca no início da década de 1950. Conta a lenda que o humorístico da Rádio Nacional acabou batizando informalmente também o gigantesco edifício no Centro do Rio. Embora leve o nome de Prefeito Frontin, nunca foi lembrado como tal e ganhou fama mesmo como Balança Mas Não Cai.

Costinha em quadro do programa *Balança mas não cai*.

Nesse prédio superpovoado morava ainda o faxineiro Clementino. Seu intérprete, Tutuca, compunha o personagem com uma gagueira e um ar desanimado que caíam com perfeição no sujeito tolinho que idolatrava a secretária "boazuda", mas não percebia o interesse dela por ele. É de Clementino

Ao lado, Sônia Mamede, Chacrinha e Lúcio Mauro em quadro do programa *Balança mas não cai*; abaixo, o Primo Pobre (Brandão Filho) e o Primo Rico (Paulo Gracindo).

Milton Gonçalves numa participação no humorístico que foi líder de audiência na Globo. A placa é da antiga Guanabara.

outro dos bordões eternizados pelo *Balança*: "Ah, se ela me desse bola..." Beleza (Carlos Leite), o feioso que fazia um tremendo sucesso com as mulheres, e a fofoqueira interpretada por Berta Loran eram alguns dos outros personagens fixos do elenco, que contava também com Consuelo Leandro, Costinha, Tião Macalé e Zezé Macedo. O programa recebia ainda, em participações especiais, grandes estrelas do humor, como Jô Soares, Agildo Ribeiro e Chico Anysio.

A primeira fase do humorístico na Globo durou até 1971. Em 1972, ele passou a ser exibido na TV Tupi. Em abril de 1982, voltou à grade da emissora carioca, agora no domingo à tarde e com Paulo Silvino no papel de apresentador. Nessa nova fase, o programa, que mantinha um gigantesco elenco (eram mais de 80 humoristas e modelos), ganhou cenários do artista plástico Juarez Machado, incluindo um edifício de concreto e vidro idealizado e instalado por ele e pelo cenógrafo Abel Gomes no Teatro Fênix, no Rio de Janeiro, onde o *Balança* era gravado. Apesar do sucesso dos personagens, a atração saiu do ar em janeiro de 1983.

Dias Gomes
Crítica política e realismo mágico

"Quem não veio ao mundo para incomodar não devia ter vindo ao mundo." A declaração de Dias Gomes feita em entrevista ao *Fantástico*, em 1997, quando completou 75 anos, é o resumo de sua trajetória como criador e intelectual. Desde sempre, ele usou sua obra como instrumento para falar dos problemas sociais e políticos do país. Mesmo quando aparentemente não estava fazendo isso, como nos anos de chumbo da ditadura militar, em que quase todas as suas peças de teatro e novelas sofriam com os cortes da censura. Lançando mão de metáforas, do realismo fantástico e do absurdo ("Sem uma conotação de absurdo você não entende este país, o absurdo faz parte do cotidiano", dizia ele), o escritor incomodava e provocava o público, além de driblar, nem sempre com total sucesso, os censores. E assim conseguiu levar ao ar, em novelas antológicas como *O Bem-Amado*, *Saramandaia* e *Roque Santeiro*, um país cindido entre o povo e o poder, e com problemas graves como a seca, a exploração da fé e a politicagem enraizada.

O baiano nascido em Salvador em 1922 começou cedo na dramaturgia, seu reduto preferido, embora seja celebrado como um dos maiores autores que a TV já teve. Sua primeira peça, *A comédia dos moralistas*, foi escrita aos 15 anos e conquistou o prêmio do Serviço Nacional de Teatro. Aos 20, já morando no Rio, começou a trabalhar com o ator e diretor Procópio Ferreira, para quem escreveu diversas peças, embora nem todas, justamente pelo alto teor de crítica social, tenham sido encenadas. Esse fato, aliás, levou

Dias Gomes, num registro de 1983.

Dias Gomes a se afastar do diretor, cujas opiniões políticas eram bem diferentes das suas. A primeira peça montada por Procópio foi *Pé de cabra*, em 1942, e não sem modificações, pois o texto original fora inicialmente proibido pela Censura – o Brasil vivia a ditadura Vargas – por causa de seu conteúdo "comunista". Curioso é que Dias Gomes só viria a se filiar ao Partido Comunista Brasileiro anos depois e se desligaria definitivamente dele no início dos anos 1970.

Em São Paulo, para onde foi em 1944, o dramaturgo trabalhou em diversas rádios adaptando peças e romances, escrevendo como nunca. Lá ele também conheceu e se casou com a escritora Janete Clair, em 1950, e com ela voltaria a morar no Rio, ainda atuando em rádios, entrando e saindo delas por conta de perseguições políticas que muitas vezes o obrigavam a escrever sob pseudônimo. Entre 1944 e 1964, quando foi cassado pelo golpe militar e demitido da Rádio Nacional, Dias Gomes já havia adaptado aproximadamente 500 peças para o rádio e criado para o teatro obras-primas como *O pagador de promessas* (que virou filme e ganhou a Palma de Ouro no Festival de Cannes, em 1962), *O Santo Inquérito* e *O berço do herói*, proibida no dia de sua estreia, em 1965. Com a ditadura militar, o autor passou a ter praticamente todas as peças censuradas.

Em 1969, Dias Gomes começou a fazer história também na teledramaturgia ao entrar na TV Globo, onde Janete Clair já trabalhava havia dois anos. Ele foi convidado para escrever *A Ponte dos Suspiros*, adaptação do romance homônimo de Michel Zevaco ambientado na Veneza do século XIV. Assinou, porém, como Stela Calderón,

Em 1980, com sua inseparável máquina de escrever.

porque nomes latinos faziam sucesso e assim também driblava a Censura. Em sua segunda novela na emissora, *Verão vermelho*, de 1970, Dias Gomes já assinou com o próprio nome. Ele abordou temas que, na época, eram um tabu, como o desquite, a reforma agrária e o candomblé. O jogo do bicho e a vida num subúrbio carioca foram assunto em *Bandeira 2* (1971). Seu primeiro grande sucesso veio com *O Bem-Amado* (1973), uma sátira aos políticos corruptos e aos desmandos do poder que deu ao Brasil um personagem antológico, Odorico Paraguaçu, vivido por Paulo Gracindo. Sempre com a Censura em sua cola, Dias Gomes chegava ao ponto que queria dando voltas na narrativa. Nas entrelinhas, o Brasil se reconhecia naquela Sucupira caricata e castigada.

Em 1975, um baque. Com 20 capítulos já gravados, *Roque Santeiro* foi proibida pela Censura na véspera da estreia. Muito tempo depois, veio à tona o motivo: a novela era uma versão da peça censurada *O berço do herói*, e Dias Gomes teria dito a um amigo, num telefonema grampeado pelo SNI (Serviço Nacional de Informações), que conseguira tapear os censores com essa adaptação. A novela só iria ao ar em 1985, já em plena redemocratização.

Ainda nos anos 1970, o Brasil conheceu um outro Brasil, mágico, misterioso, repleto de personagens estranhos como um homem com asas, outro que botava formigas pelo nariz, uma mulher que explodia de tanta obesidade e uma jovem que sentia o corpo pegar fogo, literalmente, de tanta paixão. *Saramandaia* (1976) impressionava pelo seu grau de fantasia e, ao mesmo tempo, era novamente o retrato de um país bem conhecido, com metáforas sobre corrupção, política e lutas sociais, incomodando a Censura. Curiosamente, o final da novela foi liberado sem cortes porque os censores admitiram, na época, que por obedecer "à mesma temática de irrealismo e fantasia, era tão difícil avaliarmos a intenção do autor".

Depois de *Roque Santeiro*, Dias Gomes começou a se dedicar mais ao teatro e, na TV, diminuiu o ritmo das novelas, escrevendo basicamente sinopses e argumentos (como *Mandala*, de 1987) e investindo em minisséries como *O Bem-Amado, As noivas de Copacabana, O pagador de promessas* e *Dona Flor e seus dois maridos*, o último trabalho na Globo, em 1998. O dramaturgo, autor de vários romances e de uma autobiografia, *Apenas um subversivo*, foi eleito em 1991 para a cadeira 21 da Academia Brasileira de Letras e morreu em 1999, aos 76 anos, depois de sofrer um acidente de carro em São Paulo.

Luis Gustavo e Débora Duarte, protagonistas de *Beto Rockfeller*, grande marco das novelas da TV Tupi, em 1968.

Beto Rockfeller
O dia a dia invade a ficção

A teledramaturgia brasileira pode ser dividida em antes e depois de *Beto Rockfeller*, exibida em 1968. Até então, as produções eram fantasiosas, com histórias ambientadas em outras épocas, quase sempre com romances e tramas rocambolescas. *Beto Rockfeller* subverteu esse modelo e virou um marco da modernização. A novela de Bráulio Pedroso foi uma ideia de Cassiano Gabus Mendes, à época diretor artístico da TV Tupi, para concorrer com as superproduções apresentadas por sua maior rival, a TV Excelsior. A aposta era numa linha naturalista, com diálogos coloquiais e situações cotidianas com as quais os telespectadores brasileiros conseguissem se identificar. A Tupi já tinha feito uma incursão nessa linguagem com *Antônio Maria*, de Geraldo Vietri, no mesmo ano.

O protagonista, interpretado por Luis Gustavo, se aproximava da figura do malandro. Ele corria na contramão dos mocinhos corretos e heroicos que dominavam o gênero até ali. Sem dizer que era multifacetado, em oposição ao maniqueísmo a que o público estava acostumado. Era um rapaz de classe média baixa, vendedor de sapatos, que usava o estratagema de acrescentar Rockfeller ao nome, fingindo ser primo em terceiro grau do magnata americano. Assim, ele conseguia circular na alta sociedade, o que gerava inúmeras situações cômicas dadas as suas limitações no conhecimento de regras básicas de etiqueta. O ator fez ótima dupla com Débora Duarte, que vivia sua namorada rica. Beto era um tipo dividido entre o desejo de ascensão social e as raízes suburbanas. A novela também foi pioneira na citação de notícias dos jornais, algo que se generalizou depois.

Pela primeira vez também os atores incluíram cacos em suas falas. Até a trilha sonora usou músicas de sucesso no momento, como composições dos Rolling Stones e dos Bee Gees. O sucesso da trama – que trazia em seu elenco ainda Ana Rosa (como Cida, a namoradinha suburbana de Beto), Irene Ravache (Neide, irmã do protagonista), Lima Duarte, Marília Pêra e Maria Della Costa, entre outros – foi tanto que gerou um filme homônimo (dirigido por Olivier Perroy, em 1970) e uma continuação na TV. *A volta de Beto Rockfeller* foi escrita pelo mesmo Bráulio Pedroso, mas não obteve igual repercussão.

Gloria Pires como Marisa, em *Dancin' Days*, em 1978, quando virou estrela da TV.

Gloria Pires
Feita para a câmera

Cria da televisão, Gloria Pires fez grandes vilãs e mocinhas. E um trabalho inesquecível em *Mulheres de areia* (1993), quando sambou simultaneamente e com facilidade incrível nas duas chaves, como as gêmeas Ruth (a boa) e Raquel (a mau-caráter). Estreou aos 5 anos, em 1968, em *A pequena órfã*, da TV Excelsior, levada pelo pai, o comediante Antônio Carlos Pires. Glorinha, como é chamada pelos colegas, gosta de contar como ele a acalmava no início, quando ficava nervosa por temer não conseguir reproduzir o texto em cena. Ele recomendava que, em vez de decorar, ela "compreendesse os diálogos". Essa lição precoce teve poder de formação.

Diferentemente de muitos de seus colegas, que costumam ver no teatro a verdadeira atividade nobre para um ator, ela se manteve longe dos palcos. E se tornou mestre diante das câmeras. É capaz de uma ampla paleta de emoções desempenhada com equivalente domínio. Embora tenha passado pelo cinema, a televisão é o ambiente onde ela construiu uma das mais sólidas carreiras.

Explodiu em *Dancin' Days* (1978), de Gilberto Braga, como Marisa. A personagem era filha de Júlia (Sonia Braga), mas criada pela tia, Yolanda (Joana Fomm). As duas disputavam o amor da então adolescente. Gloria aparecia usando minissaia, o que fez garotas do Brasil inteiro passarem a imitá-la instantaneamente. Na trama, ela formou par romântico com Lauro Corona (Beto), encantando o público. Já era uma atriz

No remake de *Mulheres de areia*, em 1993. Ela tirou de letra e encantou o público tanto como a gêmea boa, Ruth, quanto como a má, Raquel.

Com o pai, o humorista Antônio Carlos Pires. Foi ele quem a iniciou na profissão. Ainda menina, ouviu dele que era preciso "compreender o texto, não apenas decorar".

irresistível. Em seguida, interpretou a mocinha romântica de *Cabocla* (1979), de Benedito Ruy Barbosa, outro sucesso. Mas foi em *Vale tudo* (1988), novamente uma história de Gilberto Braga, que viveu sua primeira vilã de grande musculatura. A Maria de Fátima que construiu, capaz de pisotear o pescoço da própria mãe, Raquel (Regina Duarte), virou um sinônimo da maldade humana. Depois vieram a divertida vigarista Sarita de *Mico preto* (1990) – de Euclydes Marinho, Leonor Bassères e Marcílio Moraes – e a traiçoeira babá Nice no remake de *Anjo mau* (1997), de Cassiano Gabus Mendes. Das adaptações da literatura, foi a Ana Terra de *O tempo e o vento* (1985) e protagonizou *Memorial de Maria Moura* (1994). Um vasto repertório, todo ele lembrado vivamente pelo público. Não existe a televisão brasileira sem Gloria Pires e vice-versa.

Jornal Nacional
A notícia em rede

Primeiro telejornal em rede da nossa televisão, o *Jornal Nacional* estreou em 1º de setembro de 1969, às 19h45, apresentado por Hilton Gomes e Cid Moreira. Alice-Maria estava na primeira equipe, liderada por Armando Nogueira. Por trás deles, Walter Clark e José Bonifácio de Oliveira Sobrinho, o Boni, davam as ordens. Eles planejavam tornar a Globo a primeira rede de televisão do país. É que, até ali, os programas eram apenas locais, transmitidos em reprise em outros estados. Com a criação da Embratel (Empresa Brasileira de Telecomunicações), isso passou a ser possível.

O jornalismo tinha força na Globo desde a sua origem, mas a concorrência do *Repórter Esso*, da Tupi, era poderosa. O carioca *Tele Globo* nasceu junto com a emissora, em 1965. Eram duas edições, uma ao meio-dia, outra às 19h. Entre seus apresentadores estiveram Íris Lettieri (que foi, durante anos, a voz famosa dos anúncios do Aeroporto Internacional do Rio) e Nathalia Timberg. Em 1966, ele foi reduzido para uma edição às 13h e veio o *Ultranotícias*, com Hilton Gomes e Irene Ravache. A enchente daquele ano teve extensa cobertura da emissora, que também promoveu uma campanha de recolhimento

Cid Moreira ocupou a bancada do Jornal Nacional por 27 anos a partir da estreia do telejornal, em setembro de 1969.

de doações para desabrigados e, com isso, fez a Globo cair no gosto do carioca. Depois, foi criado o *Jornal da Globo*, apresentado por Luís Jatobá e Hilton. O primeiro lugar no Ibope em São Paulo ambicionado por Walter Clark e Boni foi alcançado com a transmissão da chegada do homem à Lua, em 20 de julho de 1969. Foi um salto gigantesco para a humanidade, como disse o astronauta Neil Armstrong, e um pulo para a Globo, que ganhou a liderança no estado mais populoso da federação. Quando o *Jornal Nacional* entrou no ar, em setembro de 1969, a maré dos números já era francamente favorável à emissora. E a primeira frase dita por Hilton Gomes foi: "O Jornal Nacional da Rede Globo, um serviço de notícias integrando o Brasil novo, inaugura-se neste momento." Já o "boa-noite" de Cid Moreira, ao fim do noticiário, foi uma das mais frequentes saudações – se não a mais proferida – da história da TV brasileira.

A partir de 1971, Cid ocupou a bancada com Ronaldo Rosas; mais tarde, com Celso Freitas e com Sérgio Chapelin. Em 1996, William Bonner assumiu a apresentação com Lilian Witte Fibe (até 1998), depois, com Fátima Bernardes (que deixou a bancada em 2011 para comandar o próprio programa, *Encontro com Fátima Bernardes*), com Patrícia Poeta (até 2014) e com Renata Vasconcellos. À frente do telejornal por tantos anos, Bonner é, segundo as pesquisas, o jornalista de maior credibilidade da televisão brasileira: além de apresentar o *JN*, é seu editor-chefe. Valéria Monteiro foi a primeira mulher a apresentar o jornal, em 1992, em regime de substituição, num plantão. Em 2015, foi a vez de Giuliana Morrone e Ana Paula Araújo

Sérgio Chapelin na bancada, um registro de 1973.

comandarem a noite, marcando a estreia de uma dupla de mulheres na ancoragem. O cenário acompanhou as movimentações. Aquela bancada simples, com a logomarca da emissora ao fundo, mudou em 1972, com a chegada da TV colorida e o acréscimo de um mapa-múndi. Aos poucos foram surgindo imagens relacionadas às reportagens e vinhetas em computação gráfica. Em 2000, Bonner e Fátima passaram a se sentar num mezanino suspenso sobre a redação. Depois, ele e Renata Vasconcellos puderam caminhar pelo estúdio, até o mapa do tempo, por exemplo, ou para uma conversa com algum

William Bonner e Fátima Bernardes, dupla já de uma fase em que os âncoras participam de todas as etapas da produção do noticiário.

correspondente, com quem, graças a um truque tecnológico, parecem estar cara a cara.

De 1969 para cá, foram inúmeras as coberturas importantes. O *Jornal Nacional* foi ganhando em informalidade e o papel do âncora se ampliou. As entrevistas com os candidatos a cargos eletivos importantes da cena política são um exemplo disso: o *Jornal Nacional* foi o primeiro a incluí-las, ao vivo, em seu cardápio, sendo um dos momentos mais importantes, e temidos, das campanhas eleitorais. Nos anos 1970, o noticiário internacional feito por correspondentes se estabeleceu. Também o carnaval e os principais eventos esportivos têm muita presença. Em 2006, no período que antecedeu a eleição, a "Caravana JN", com Pedro Bial como repórter, percorreu o Brasil. Era o aprofundamento daquilo que norteou o telejornal desde o início: raízes no país todo e um olhar para o mundo.

As Copas do Mundo
Quando o Brasil vira um só estádio

Poucas combinações são tão catalisadoras de público no Brasil quanto o encontro da televisão com o futebol. É na hora da Copa do Mundo que esse cruzamento de forças chega ao paroxismo, congregando as plateias nas casas, nas praças, nos botequins. Se é jogo do Brasil, então, as ruas ficam desertas e as audiências atingem patamares raramente vistos. Antes de chegar à TV, o futebol era do rádio. De lá se transferiram os mais importantes locutores e, com eles, os ouvintes. Em 1962, um ou outro jogo da conquista do bicampeonato da Seleção passou aqui na televisão, mas nunca com menos de dois dias de atraso: as fitas com as imagens vinham de avião do Chile. As massas apelavam para o radinho de pilha.

O primeiro campeonato mundial a ser transmitido no país ao vivo, via satélite, foi o do México, em 1970. Houve uma corrida às lojas de eletrodomésticos, mas grande parte dos brasileiros não tinha o televisor em cores e apenas uma minoria pôde desfrutar da novidade. Para atingir essa maioria de consumidores que veria tudo em preto e branco, a patrocinadora de material esportivo criou uma bola que ficou bem visível na tela, a Telstar, com seus gomos pretos e brancos.

Os direitos daquela Copa pertenciam a um pool formado por Rede Globo, Rede de Emissoras Independentes e Emissoras Associadas de Televisão. Só 11 jogos foram transmitidos ao vivo, entre os quais todos os da Seleção e o de abertura, México X URSS. Os demais iam ao ar em VT, à noite, simultaneamente nas três redes. E o mais curioso: cada trecho da partida era narrado pela equipe de um dos integrantes do pool. Assim, João Saldanha, Geraldo José de Almeida, Walter Abrahão, Geraldo Bretas, Oduvaldo Cozzi e Rui Porto, entre outros que trabalhavam para

Osmar Santos apresentando o programa *Globo Esporte*, da Globo, no estúdio. Ele narrou a Copa de 1986 pela Globo na companhia de Galvão Bueno.

Luciano do Valle, na Bandeirantes, em 1986.

Galvão Bueno, amado e odiado, mas símbolo do esporte na televisão e narrador e comentarista da Globo.

emissoras diversas, participaram de pedaços das transmissões. A "voz da Copa" naquele ano foi o locutor da Globo Geraldo José, com o seu grito de gol: "Olha lá, olha lá, olha lá, no placar!" Depois dele, muitas gerações de profissionais da área deixaram suas marcas na principal competição do futebol. Luciano do Valle e Osmar Santos estiveram entre os mais importantes. Galvão Bueno, que sabe trabalhar a emoção como poucos, reina absoluto desde a Copa de 1990: a história das Copas no Brasil é indissociável dele.

A tecnologia também evoluiu e mudou tudo. Em 1974, com número muito superior de televisores em cores nos lares brasileiros, mais gente viu o azul e o amarelo do uniforme da Seleção canarinho. Em 1986, a Globo lançou o "Tira-Teima", um recurso que permitia checar o que de fato tinha acontecido numa jogada mais polêmica. Na Copa de 1994, nos Estados Unidos, o computador com tela sensível ao toque aprofundou as possibilidades de análise das jogadas. Na França, em 1998, a televisão tinha passado por uma transformação maior, com os canais pagos SporTV (Net) e ESPN (TVA) no jogo das transmissões. Em 2002, as imagens de alta definição começaram a aparecer. Em 2006, na Alemanha, já existia o Full HD (recurso gerador de imagens de altíssima definição). Em 2010, na África do Sul, houve testes de 3D, tecnologia que não empolgou. Em 2014, no Brasil, já havia o 4K (Ultra HD) e o SporTV dividido em vários canais. O futuro chegou e o público segue se reunindo para ver seu time em campo. Muitas vezes nas praças, como antigamente.

O ratinho falante que conquistou as crianças, em 1970.

Topo Gigio
Um beijinho de boa-noite

Quem esteve diante da televisão nos anos 1969 e 1970 não ficou imune a ele. Topo Gigio era um ratinho articulado e manipulado como uma marionete. Falava português com sotaque italiano. Num primeiro momento, ele dividia um quadro com Agildo Ribeiro. A atração encerrava o semanal *Mister show*. Fez tanto sucesso que acabou ganhando um programa inteiro na TV Globo. O formato mirava no público infantil, mas acertou espectadores de todas as idades. O horário em que Topo Gigio aparecia ao lado de Agildo, às 20h30 das quintas-feiras, no *Mister show*, já entrega a faixa etária do público: os adultos em massa prestigiavam a atração. Agildo Ribeiro sentia isso nas ruas, sua popularidade era imensa. Morador da rua Inhangá, em Copacabana, ele cultivava o hábito de almoçar aos domingos numa churrascaria que ficava perto de casa, na rua República do Peru. Levava o jornal e passava horas lá. O estrondoso sucesso do programa motivou tamanho assédio que o humorista não podia mais sair de casa sem ouvir gritos de "Cadê o rato?", além de inúmeros pedidos de autógrafo. Acabou desistindo da rotina na churrascaria por falta de paz para ler e provar a carne na brasa.

Antes de chegar aqui, Topo Gigio já era um êxito em outros países. Na Itália, onde foi criado, contracenava com Gina Lollobrigida. Na TV americana, aparecia ao lado do apresentador Ed Sullivan. Maria Perego, inventora do personagem, estava gravando na Argentina quando Walter Clark, Boni e Augusto César Vannucci decidiram trazê-lo para a TV Globo. Eles convidaram Agildo para assistir a um trecho e fizeram o convite, que foi imediatamente aceito. Um novo contrato, muito mais vantajoso que o que ele já tinha com a Globo, foi selado com a emissora. A aposta de que o ratinho cairia no gosto popular era forte. As gravações foram diárias durante um mês. A equipe italiana ficou no Rio, dirigida por Vannucci. Laert Sarrumor manipulava o boneco e Peppino Mazzulo repetia as falas dele, devidamente traduzidas para o português. Os diálogos eram simples. Topo Gigio escovava os dentes, dava boa-noite e, então, eles cantavam. Outras estrelas da TV da época faziam participações especiais. Tudo era ainda em preto e branco.

Antes da era dos incontáveis produtos licenciados com a marca de um personagem da televisão, o ratinho estampou cadernos, lápis de cor, canecas, etc. A Polygram gravou um disco com o hit "Meu limão, meu limoeiro", na voz infantilizada de Mazzulo. O boneco do Topo Gigio circula, até hoje, em leilões da internet. E a frase que encerrava o programa ficou gravada na memória de quem assistia a ele: "Agildinho, posso te pedir uma coisa? Me dá um beijinho de boa-noite?" Em 1987, a Bandeirantes produziu uma nova versão do show com Ricardo Petraglia.

José Wilker
Um artista completo

José Wilker morreu cedo demais, em 2014, aos 67 anos. Sua ausência segue ecoando a cada novela de que seus colegas participam. E nos festivais de cinema em que ele certamente bateria ponto. Tamanha presença se deve à capilaridade de seu trabalho nas artes e à forte personalidade, que fizeram dele uma pessoa muito querida. Wilker foi não só um dos mais prolíficos atores de todas as telas, mas também crítico de cinema, comentarista, colecionador de arte e de livros, cinéfilo e um tímido muito boa-praça, carinhoso, irônico e brincalhão. Esse trânsito fácil e natural por várias facetas do seu ofício de artista dava a ele uma vantagem que se manifestava sempre em cena. Nunca parou de surpreender. Em qualquer um de seus papéis em novelas e minisséries – e eles foram muitos numa carreira tão longa – havia grandeza, musculatura, algo mais, uma marca pessoal.

Nascido em Juazeiro do Norte, Ceará, morou em Recife, onde começou a carreira profissional no Movimento de Cultura Popular do Partido Comunista. Em 1967 mudou-se para o Rio. Trabalhou no teatro e ganhou o Molière em 1970, com *O arquiteto e o imperador da Assíria*, quando foi notado por Dias Gomes. Aí surgiu o convite para integrar o elenco de *Bandeira 2* (1971), da Globo, em que interpretou Zelito, filho do bicheiro Tucão (Paulo Gracindo). Depois participou de muitas outras novelas na emissora. Na versão de 1976 de *Anjo mau* (houve um remake, em 1997), foi o mocinho, Rodrigo. Em 1975, fez história como o Mundinho Falcão de *Gabriela*, de Walter George Durst. Com o aval do diretor, Walter Avancini, Wilker adicionava cacos ao texto, outra marca sua: era espirituoso e dono de um humor veloz.

Em 1985, foi o Roque Santeiro da trama homônima de Dias Gomes e Aguinaldo Silva, um dos papéis mais importantes de sua história na TV. Outra parceria com Aguinaldo aconteceu em *Senhora do destino* (2004), em que viveu o ex-bicheiro Giovanni Improtta. Seus bordões, como "O tempo ruge e a Sapucaí é grande", e o neologismo "felomenal" foram repetidos no cinema, no filme *Giovanni Improtta*, que dirigiu em 2013. Fez, com o brilho de sempre, o personagem-título da minissérie *JK*, de Maria Adelaide Amaral, em 2006. A penúltima novela foi o remake de *Gabriela*, de Walcyr Carrasco, em 2012. Ali, de novo, um bordão seu – "Vou lhe usar", que ele dizia para a personagem de Maitê Proença – caiu na boca do povo. Wilker também atuou atrás das câmeras. Em 1987 assumiu a direção de dramaturgia na extinta TV Manchete, onde esteve à frente das novelas *Carmen*, de Gloria Perez, e *Corpo santo*, de José Louzeiro. Muito tempo depois, de volta à Globo, comandou o *Sai de baixo*.

Por tudo isso, e mais que merecidamente, foi tema do desfile da escola de samba Unidos da Tijuca no carnaval de 2016. Uma homenagem que ele teria adorado, com os amigos e a família atravessando a avenida.

Em *Anjo mau*, novela de Cassiano Gabus Mendes, em 1976.

Gilberto Braga, em 1994, quando escrevia *Pátria minha*.

Gilberto Braga
Da Escrava Isaura a Odete Roitman

Numa ocasião, em uma entrevista, Gilberto Braga declarou: "Pessoalmente, gosto muito de herói. Mas talvez escreva os vilões melhor." A frase resume muito de sua obra na TV Globo e não poderia soar mais precisa. Foi ele o criador de vários personagens malvados da teledramaturgia brasileira lembrados até hoje. Só em *Vale tudo* (coautoria com Aguinaldo Silva e Leonor Bassères), em 1988, inventou Maria de Fátima (Gloria Pires) e Odete Roitman (Beatriz Segall), responsáveis por alguns dos atos mais pérfidos já testemunhados pelo público. Essa última mobilizou todas as atenções no último capítulo, que parou o país para a revelação de um dos mais bem-sucedidos "Quem matou?" da história de nossa televisão (foi Leila/Cássia Kis). Em *O dono do mundo* (1991), havia o médico Felipe Barreto, terrível personagem de Antonio Fagundes. Cafajeste e inescrupuloso, ele fez de tudo para seduzir uma moça virgem às vésperas do seu casamento só para ganhar uma aposta. Outra peste foi Laura Prudente, papel de Cláudia Abreu em *Celebridade* (2003). Gilberto é exaltado pela fina carpintaria de seus vilões, sim, mas não só por eles. Ou seja: a autodefinição é boa, mas modesta. O autor fez muito mais que grandes tipos cruéis pela televisão brasileira.

Ex-professor de francês, apreciador de literatura e cinéfilo, ele começou na Globo em 1972, com a adaptação de *A dama das camélias* para um *Caso especial*. Depois deste, escreveu outros até que, em 1974, assinou a primeira novela, *Corrida do ouro*, com Lauro César Muniz e Janete Clair. O primeiro sucesso veio em 1976: *Escrava Isaura*, adaptado do romance de Bernardo Guimarães. A produção estrelada por Lucélia Santos, Rubens de Falco e Edwin Luisi se manteve como o carro-chefe das vendas internacionais da emissora por muitos anos, negociada para o mundo inteiro. Em seguida, veio *Dona Xepa* (1977). Mas a primeira história original surgiu em 1978, *Dancin' Days*, um marco na televisão. Sonia Braga, Joana Fomm e Gloria Pires, entre outras estrelas, protagonizaram essa trama moderna, carioca, que lançou a moda das meias de lurex e consagrou Marília Carneiro como figurinista com uma antena especial para entender a adesão das ruas ao que era mostrado na televisão. A novela refletiu o ritmo das discotecas e Gilberto exerceu um gosto que nunca o abandonou: o de opinar nas trilhas de suas obras. *Água viva* (1980), *Brilhante* (1981), *Vale tudo* (1988), *O dono do mundo* (1991), *Pátria minha* (1994), *Força de um desejo* (1999) e *Celebridade* (2003) estão entre algumas das maiores histórias que ele escreveu. Foram várias minisséries também. Destacam-se *Anos dourados* (1986) e *Anos rebeldes* (1992).

Paula Saldanha e Dirceu Rabelo com o macaco Loyola, em 1982.

Globinho/Globo cor especial
Crianças e meio ambiente

Entre 1972 e 1982, as crianças tiveram um telejornal para chamar de seu, que levava a elas notícias do mundo adulto apresentadas numa linguagem acessível. Ele continha ainda dicas de leitura, de exposições e de reportagens. Durante esse tempo, o *Globinho*, da TV Globo, passou por diversos formatos e horários. Começou com notícias narradas pelos locutores Ronaldo Rosas e Berto Filho. Só em 1977 ganharia uma apresentadora: a jornalista e escritora Paula Saldanha, cujo carisma e domínio do assunto deram ao programa mais credibilidade e muitos fãs, que ainda hoje se lembram dele com carinho. Paula conta que metade do público era formada por adultos, comprovando a abrangência e o interesse do *Globinho*.

A atração foi uma das primeiras na TV a falar sobre a questão do meio ambiente, ainda hoje objeto de preocupação e trabalho de Paula e do marido, o biólogo e cineasta Roberto Werneck. A partir de 1979, as reportagens especiais sobre o tema feitas por ambos na produtora do casal, a RW Cine, foram ao ar numa série de dez episódios intitulada *Globinho Repórter*.

Com 15 minutos de duração, de segunda a sexta-feira, e edições locais no Rio de Janeiro, Recife, São Paulo, Brasília e Belo Horizonte, o *Globinho* também ganhou desenhos e animações internacionais divertidos e premiados (como *A família Barbapapa*, *Mio e Mao* e *Vermelho e Azul*). Em 1981, a exibição pulou para as manhãs de sábado, com meia hora de duração, e Paula começou a dividir a apresentação com um simpático macaquinho – boneco criado por Álvaro Apocalypse, do grupo Giramundo, de Belo Horizonte, e manipulado pelo ator Dirceu Rabelo – batizado de Loyola pelas crianças num concurso nacional promovido pela emissora.

Em janeiro de 1982, o *Globinho* comemorou seus dez anos no ar e reuniu escritores, músicos e atores numa grande festa na Quinta da Boa Vista. A última edição do programa, que promoveu clubes de literatura e montou bibliotecas para crianças e jovens em todo o país, foi ao ar em julho do mesmo ano.

Além do *Globinho*, o público também guardou saudades do *Globo cor especial*, que entre abril de 1973 e março de 1983 era o abrigo de desenhos e seriados que marcaram gerações. Durante uma hora, passavam por ali as séries *Mary Tyler Moore* e *Família Dó-Ré-Mi* e desenhos como *Ligeirinho*, *Os Flintstones*, *Jackson Five*, *Abott e Costello*, além de *Superamigos*, da Hanna-Barbera, que trazia aventuras dos heróis da Liga da Justiça (Super-Homem, Batman e Robin, Mulher Maravilha, entre outros). Além dos desenhos, havia a deliciosa música de abertura composta por Nelson Motta, Marcos Valle e Paulo Sérgio Valle: "Não existe nada mais antigo / Do que caubói que dá cem tiros de uma vez / A vó da gente deve ter saudade / Do zing-pou! / Do cinto de inutilidades / No nosso mundo tudo é novo e colorido / Não tem lugar pra essa gente que já era / Morcego velho, bang-bang de mentira, vocês já eram! / O nosso papo é alegria!"

Globo de Ouro
Parada de sucessos

Entre 1972 e 1990, o telespectador pôde acompanhar os sucessos do momento no *Globo de Ouro*. Era um jeito de conhecer a nova produção musical brasileira e saber das músicas mais tocadas pelas rádios naquele mês. Além dos grandes lançamentos, o programa também viajava por outros tempos, trazendo já em seu início o "Hit parade do passado". Em 18 anos de existência, teve tempo para criar muitos quadros, como "O som dos disc-jóqueis" e "O som das discotecas", que foram acompanhando as mudanças, os modismos, fazendo uma espécie de resenha musical do país. "Geração 80", por exemplo, trazia os atores Nádia Lippi e Kadu Moliterno apresentando, no início dos anos 1980, as músicas voltadas para o público jovem.

As canções preferidas em todas as regiões do Brasil, além dos quadros "Saudade não tem idade", "Grandes encontros" (que reunia dois intérpretes) e "Homenagem ao compositor", também estiveram entre as atrações do programa, que ao longo de sua história contou com diversos apresentadores. Cantores como Antonio Marcos, Jerry Adriani e Wanderley Cardoso; atores como Myrian Rios, Isabela Garcia, Tony Ramos, Christiane Torloni, Lauro Corona e Cláudia Abreu, além

Tony Ramos e Christiane Torloni, uma das duplas de apresentadores do *Globo de Ouro*, em 1977.

Isabela Garcia e César Filho, em 1987.

do apresentador César Filho, fizeram parte da história do *Globo de Ouro*.

Em tempos pré-internet e com uma programação de shows muito menos intensa que a de hoje, o programa era uma plataforma importante para os músicos, já consagrados ou ainda não, apresentarem seus trabalhos. Passaram por lá Chico Buarque, Caetano Veloso, Tim Maia, Roberto Carlos, Zeca Pagodinho, Titãs, Frenéticas, Tom Jobim, Raul Seixas, Elis Regina, Legião Urbana, Alcione, Milton Nascimento, Blitz, Paralamas do Sucesso, Marisa Monte, Sidney Magal, Wando, Fafá de Belém...

A grande família
O Brasil em casa

Assistir ao programa *A grande família* era como estar numa mesa de jantar brasileira, como mais um conviva, conversando sobre os acontecimentos prosaicos do dia. Os Silva comentavam o noticiário e debatiam o cotidiano, a moral e os costumes. Assim, as grandes questões nacionais estavam todas embutidas nos pequenos fatos da vida privada. E, com o poder de alcance da série da televisão, ganhavam um eco amplo. O mais nosso dos seriados, entretanto, bebeu em formatos estrangeiros. A primeira versão, que estreou na Globo em 1972, tinha um pouco da britânica *Till Death Us Do Part* (de 1965 a 1975) e das americanas *All in the Family* (1971 a 1979) e *Father Knows Best* (que veio do rádio para a TV em 1954 e se manteve no ar até 1960). Ela estreou escrita por Max Nunes e Roberto Freire. No ano seguinte, Oduvaldo Vianna Filho e Paulo Afonso Grisolli assumiram o comando dos roteiros. Lineu era Jorge Dória, um veterinário rabugento. Eloísa Mafalda interpretava Dona Nenê, dona de casa típica do subúrbio na época. Nada de feminismo ou de ambições profissionais. Tratava-se de uma rainha do lar de manual. Agostinho (Paulo Araújo) vivia um malandro, o representante do jeitinho. A Osmar Prado cabia o filho mais velho, o contestador Júnior, única voz política mais direta: estávamos em plena ditadura militar, tempos de censura. Luiz Armando Queiroz era Tuco, meio hippie, barbudo e com cabelo que, aos olhos de hoje, pareceria comprido.

A primeira formação: Osmar Prado, Brandão Filho, Jorge Dória, Heloísa Mafalda, Paulo Araújo, Maria Cristina Nunes e Luiz Armando Queiroz, em 1974.

Finalmente, Djenane Machado e depois Maria Cristina Nunes fizeram a personagem Bebel. Seu Floriano ficou a cargo de Brandão Filho. Vianninha morreu em 1974 e Paulo Pontes assumiu seu lugar, mas o programa, ainda em preto e branco, acabou suspenso em 1975.

A grande família, porém, tinha uma existência no imaginário do público que não se dissipou. Em 1987, a Globo produziu um especial de Natal com Grisolli na direção e texto de Marcílio Moraes. O elenco era o mesmo, mas com a família estendida: os filhos estavam casados. Bebel tinha arrumado um novo namorado. O ator convidado para esse papel foi Pedro Cardoso, que, mais tarde, assumiria o Agostinho.

O fato de a trama ter avançado; os personagens, envelhecido; e a configuração familiar, mudado, diz tudo desse enredo. Era o retrato de uma família como as de todos nós, permeável à passagem do tempo, à inflação, à crise, aos comportamentos e à moda. Esse foi o trilho em que correu a produção quando Guel Arraes comandou a versão que estreou em 2001 e foi até 2014, sempre querida do público. Cláudio Paiva liderou um time de roteiristas de primeira, entre os quais, de saída, estavam Bernardo Guilherme e Marcelo Gonçalves. Mauro Wilson e Adriana Falcão, entre outros, foram se juntando a esse grupo em 14 temporadas. Eles criaram as histórias que transitavam com incrível equilíbrio entre a comédia e o drama. Houve vários ajustes para sintonizar tudo com o espírito de um novo tempo. O Brasil já não era o da ditadura. Marieta Severo, Marco Nanini, Pedro Cardoso, Lúcio Mauro Filho, Rogério Cardoso, Guta Stresser, Andréa Beltrão, Evandro Mesquita e Marcos Oliveira formaram o elenco principal. Muitas participações especiais animaram as refeições suburbanas nesses anos todos.

A segunda formação: Lúcio Mauro Filho, Marco Nanini, Guta Stresser, Rogério Cardoso, Marieta Severo e Pedro Cardoso, em 2001.

Simone e Cristiano Vilhena, o par que parou o Brasil em 1972.

Selva de pedra
Telenovela em estado puro

Primeira novela brasileira a cravar 100% de *share* – percentual de televisores ligados no canal, segundo medição do Ibope –, *Selva de pedra*, exibida entre abril de 1972 e janeiro de 1973 pela TV Globo, seduziu o país com uma história de amor, traição, crimes e suspense. Regina Duarte, então já Namoradinha do Brasil, viveu a mocinha, Simone, que se casava com o ambicioso Cristiano Vilhena, interpretado por Francisco Cuoco em seu primeiro papel de protagonista no horário nobre.

Selva de pedra consagrou de vez Janete Clair – já uma novelista de sucesso – como a grande autora popular que continuaria a brilhar nos anos seguintes. Uma das inspirações dela foi uma notícia de jornal sobre um crime ocorrido numa cidade do interior de Pernambuco: um tocador de bumbo tinha matado um homem que debochava dele. Cristiano era o jovem humilde que precisava tocar o instrumento na praça da cidade durante os sermões do pai, o pastor evangélico Sebastião (Mário Lago), que sustentava a família com o pouco dinheiro recolhido ali. Cristiano era alvo da chacota de outros rapazes e, certo dia, brigou com um deles, que acabou morrendo vitimado pela própria faca. Apenas a artista plástica Simone viu o crime. Ela levou Cristiano para casa e eles acabaram fugindo para o Rio de Janeiro. Nessa selva de pedra, os dois se apaixonaram, se casaram e começaram a viver uma vida que, dada a ambição desmedida do rapaz,

Mário Lago como o pastor evangélico Sebastião.

Carlos Vereza interpreta o vilão Miro, que ganhou elogios da crítica.

em breve se tornaria um inferno. Principalmente por conta das artimanhas de Miro, o vilão interpretado por Carlos Vereza, que aproveitava o gosto de Cristiano pelo poder para manipulá-lo.

O casal, então, se separou e Cristiano se envolveu com a rica Fernanda (Dina Sfat). Achando que seria assassinada pelo ex, Simone fugiu. O capítulo que parou o Brasil foi justamente aquele no qual era revelada a identidade de Rosana Reis, supostamente irmã gêmea de Simone, que todos pensavam ter morrido num acidente de carro. Rosana era a própria Simone. Sabotagem, acidentes, sequestro, muita desconfiança e amores quase impossíveis contribuíram para movimentar a novela, dirigida por Daniel Filho e Walter Avancini. O enorme sucesso da trama acabou batizando informalmente um famoso condomínio de edifícios no Leblon, erguido na mesma época. Outra curiosidade é que Gloria Pires, então com 8 anos, fez ali sua estreia na TV Globo, no papel de Fátima, moradora da pensão em que o casal de protagonistas vivia ao chegar ao Rio.

E, no capítulo final, uma cena que ficaria gravada na memória de muitos: embalados por "Rock and Roll Lullaby", canção que estourou na época, Cristiano e Simone começam o seu "felizes para sempre" passeando pelo navio que o rapaz ganhara de presente para reiniciar a vida. Em 1986, a Globo produziu um remake da novela, que teve Tony Ramos, Fernanda Torres e Christiane Torloni nos papéis de Cristiano, Simone e Fernanda, respectivamente.

Vila Sésamo
"Todo dia é dia, toda hora é hora"

Da básica tabuada ao abecedário, passando por noções de geometria, nomes das cores, boas maneiras e hábitos de higiene, *Vila Sésamo* foi um programa que ensinou muito a uma geração inteira de crianças entre 1972 e 1977. Tudo ainda ecoa na memória desses hoje adultos maduros, a começar pelas canções originais compostas por Marcos Valle, Nelson Motta e Paulo Sérgio Valle, como o tema de abertura: "Todo dia é dia, toda hora é hora, de saber que esse mundo é seu / Se você for amigo e companheiro, com alegria e imaginação / Vivendo e sorrindo / Criando e rindo / Será muito feliz e todos / Serão também!"

Sonia Braga interpretava a professora da escola, Ana Maria. Milton Gonçalves, que codirigiu o programa com David Grinberg, era o Professor Leão. Outros atores, como Paulo José (Mágico), Flávio Migliaccio (Edifício) e Marcos Miranda (Funga-Funga, amigo imaginário de Garibaldo), integravam o elenco, que foi se expandindo aos poucos. A ideia era funcionar como um apoio ao processo de alfabetização, evitando o didatismo sem charme. Adaptado do original americano *Sesame Street* (1969), produzido pela Children's Television Workshop, o programa chegou por aqui graças a José Bonifácio de Oliveira Sobrinho, o Boni, na época diretor-geral da Central Globo de Produções, e a Claudio Petraglia, então diretor da TV Cultura de São Paulo. As duas emissoras uniram forças numa parceria que se estendeu até 1974, quando a Globo assumiu totalmente a produção. No início, por exigências contratuais, a maior parte do conteúdo vinha dos Estados Unidos. Mas, em 1973, tudo mudou para que o conteúdo da atração se aproximasse da orientação pedagógica daqui.

E assim, nesse processo de abrasileiramento da pequena e simpática Vila Sésamo, uma vila operária onde conviviam bichos e gente, o gigantão Garibaldo, mistura de pato e galinha que era o xodó das crianças, ganhou uma nova cor (azul, diferentemente

Sonia Braga como Ana Maria, a professora em *Vila Sésamo*.

da amarela original americana). Era "interpretado" por Laerte Morrone, que precisava abrir algumas penas na fantasia para enxergar melhor e não cair. Gugu, o mal-humorado morador de um barril, que vivia às turras com Garibaldo, era manipulado por Roberto Orozco. Esses e outros bonecos do programa, aliás, ficaram a cargo do cenógrafo e figurinista Naum Alves de Souza (1942-2016), que se consagraria adiante como um dos principais dramaturgos do país. Naum, também responsável pela direção dos bonecos, era um dos grandes nomes na ficha técnica de *Vila Sésamo*.

Exibido duas vezes por dia, pela manhã e à tarde, o programa, coordenado por Wilson Aguiar, levava a sério a máxima de educar brincando. Era lúdico, mas não descartava técnicas de ensino clássicas, como a repetição, por meio de músicas e desenhos que exploravam múltiplas formas de apresentar determinado número ou letra. Alunos da rede pública de 3 a 10 anos se misturavam ao elenco, interagindo com os bonecos e as crianças. Na Vila moravam ainda o operário Juca (Armando Bógus), uma espécie de faz-tudo do lugar, casado com Gabriela (Aracy Balabanian), que gostava de esportes e de cozinhar, e sempre pedia a ajuda dos pequenos em algumas tarefas.

O programa teve três fases e na última, que começou em abril de 1975, ganhou 20 personagens, todos eles criados pela própria equipe de Wilson Aguiar. Àquela altura, as únicas cenas não produzidas no Brasil eram dos personagens Ênio e Beto (quem não adorava a dupla?). Em março de 1977, a atração foi extinta, mas não esquecida. O grande sucesso daquelas temporadas fez com que em 2007 a TV Cultura retomasse os direitos de *Vila Sésamo*, até o momento exibido semanalmente pela emissora e diariamente pelo canal por assinatura TV Rá Tim Bum. Garibaldo (que ganhou novamente as penas amarelas originais) e Bel, uma monstrinha cor-de-rosa, comandam o show.

Armando Bógus, o boneco Garibaldo, Aracy Balabanian, Sonia Braga e Manoel Inocêncio.

O Bem-Amado
Sucupira, um lugar que ainda existe

Corrupção, demagogia e frases extravagantes foram os temperos principais de *O Bem-Amado*, adaptação de Dias Gomes de sua peça de teatro *Odorico, o Bem-Amado e os mistérios do amor e da morte*, de 1962. O autor usou sua novela, a primeira em cores da TV brasileira, exibida pela Globo entre janeiro e outubro de 1973, para criticar, com humor, o regime militar, então a pleno vapor. A trama girava em torno de Odorico Paraguaçu, típico político do interior acostumado a levar seu povo no cabresto e homem obcecado em inaugurar o cemitério da pequena cidade de Sucupira, onde acabara de ser eleito prefeito. Para seu desespero, ninguém morria havia tempos por lá.

O coronel Paraguaçu, como o chamavam, era conhecido tanto pelos desmandos quanto pelo talento em seduzir e conquistar simpatia, mas principalmente pela retórica erguida sobre enunciados singulares que ficaram na memória do telespectador. Frases como "Vamos botar de lado os entretantos e partir logo pros finalmentes" ou "Pra cada problemática tem uma solucionática", além de outros neologismos, como "mormentemente", "apenasmente" e "bastantemente", caíram logo no gosto e no uso popular, e transformaram Odorico num dos personagens inesquecíveis da TV.

O político foi interpretado por Paulo Gracindo em um grande momento, tão à vontade no papel que tinha liberdade para incorporar cacos e pensamentos ao léxico de Odorico. Outro personagem memorável foi o matador Zeca Diabo, vivido por Lima Duarte, aliado e também inimigo mortal

Odorico Paraguaçu e Zeca Diabo, personagens marcantes de Dias Gomes, na novela de 1973.

As irmãs Cajazeiras Dirce Migliaccio, Dorinha Duval e Ida Gomes.

do prefeito sucupirense – e que, depois de muitas reviravoltas, acabou fazendo do político, ironicamente, o primeiro defunto para inaugurar o cemitério da cidade. De olho em Dias Gomes, a censura do regime militar implicou e proibiu que os termos coronel e capitão fossem usados para designar Odorico e Zeca Diabo, respectivamente.

Além desses, a novela, dirigida por Régis Cardoso, trazia ainda tipos como as irmãs Cajazeira (Ida Gomes, Dorinha Duval e Dirce Migliaccio), que orbitavam em torno do prefeito, e o tímido Dirceu Borboleta, rapaz de personalidade nervosa, inconstante, que ganhou interpretação elogiada de Emiliano Queiroz.

Em janeiro de 2011, a sátira política de Dias Gomes foi adaptada por Guel Arraes e Cláudio Paiva para o formato de minissérie em quatro capítulos. Dirigida por Guel Arraes, a obra teve Marco Nanini encarnando o prefeito Odorico Paraguaçu.

Fantástico
É o Show da Vida. Mesmo

Os acordes da canção de abertura do *Fantástico* ressoam há tantos anos que, para os brasileiros, ganharam uma via de associação automática com as noites de domingo. A revista eletrônica com o epíteto de "Show da Vida" foi lançada na Globo em agosto de 1973. A edição de estreia teve uma entrevista com Sérgio Mendes no Central Park; uma reportagem sobre personalidades congeladas à espera de ressurreição; uma entrevista com o jogador de futebol Tostão; um quadro de humor com Chico Anysio; e Raul Solnado e Peter, do Disney On Parade, sobrevoando o Rio a bordo de um trapézio atado a um avião. Essa fórmula, com variações e atualizações, claro, atravessou as décadas.

A receita do programa dominical sempre somou jornalismo sério a reportagens sobre *faits divers*, reservando um lugar para os fatos insólitos, o sobrenatural, a diversão, o mundo animal e o esporte, compondo um programa para a família toda. Por seu caráter flexível, essa mistura permitiu um espaço também para a experimentação. E assim, com os anos, a atração não inovou apenas no conteúdo que buscava oferecer para o seu espectador. Foi moldando uma linguagem visual própria, um jeito informal de apresentar as reportagens. Por lá passaram grandes nomes da emissora: Sérgio Chapelin, Valéria Monteiro, Celso Freitas, Sandra Annenberg, Dóris Giesse, Carolina Ferraz, William Bonner, Fátima Bernardes, Pedro Bial, Glória Maria, Zeca Camargo, Patrícia Poeta, Renata Vasconcellos, Poliana Abritta e Tadeu Schmidt. João Loredo foi seu primeiro diretor. Manoel Carlos assumiu a tarefa dois meses mais tarde. Desde 1993, Luiz Nascimento comanda o semanal.

Glória Maria e Pedro Bial na bancada do *Fantástico*.

"Olhe bem, preste atenção": era o balé com Isadora Ribeiro na abertura.

Sérgio Chapelin, entre Valéria Monteiro e William Bonner, em 1988.

Patrícia Poeta e Zeca Camargo, em 2008.

O resultado da loteria esportiva, com a Zebrinha, e as previsões do matemático Oswald de Souza eram fornecidos ali. Quadros de humor e séries com informações relevantes, como as capitaneadas por Drauzio Varella – que, nas ruas, passou a ser chamado de "Dr. Fantástico" –, também. Nos anos 1980, os musicais ganharam terreno. Os videoclipes, um formato novo e amarrado à força da indústria fonográfica de então e aos ventos do rock brasileiro, tornaram-se presença obrigatória no *Fantástico*. Eles se misturavam com facilidade ao caldeirão de humor, drama e fantasia. Seus quadros muitas vezes deram origem a programas da grade, como *Casseta & Planeta, urgente!* e *Profissão repórter*, para citar apenas dois.

Na sua origem, o *Fantástico* rompeu com o império dos programas de auditório dominicais. Depois, seguiu se reinventando sempre. A música de abertura expressa bem esse trânsito através das décadas. É a mesma base e segue fácil de reconhecer. Porém não é igual.

Sonia Braga, para sempre, Gabriela.

Gabriela
A sensualidade que encantou o país

Gabriela, a novela que a TV Globo exibiu em 1975, não ficou atrás do sucesso do romance que Jorge Amado tinha lançado em 1958, *Gabriela, cravo e canela*. O livro foi e é um best-seller. Mas o amor da personagem-título pelo turco Nacib (Armando Bógus) teve sua plateia ampliada pelo poder de fogo da televisão. E, como o original da literatura, caiu no gosto popular instantaneamente. A novela estrelada por Sonia Braga é lembrada por qualquer brasileiro que tenha estado diante da tela pequena naquele ano. E aqueles que não assistiram, certamente porque eram jovens demais na época, já tiveram a oportunidade de conferir na internet a cena mais icônica de todas: a da protagonista escalando o telhado de uma casa para pegar uma pipa presa lá no alto, admirada por um grupo de homens na rua. A morena, linda e brejeira, era a expressão

A imagem de Gabriela resgatando uma pipa no telhado é lembrada até hoje.

concreta da sensualidade ao levar adiante o que acreditava ser um ato de solidariedade. Para os que ficaram no chão embasbacados observando a movimentação dela, a generosidade do gesto e a recuperação da pipa

Rubens de Falco, Ary Fontoura e Fúlvio Stefanini.

Fúlvio Stefanini
e Natália do Vale.

não importavam muito. A multidão estava mais interessada no que ela permitia que se visse por baixo do vestido curto. O contraste moral entre a moça livre e a malícia dos que a desejavam naquela Ilhéus conservadora ficou muito bem retratado na sequência tão cheia de simbolismos.

Gabriela consagrou Sonia, que até hoje é associada à personagem. Mas também reuniu um grande elenco dirigido por Walter Avancini e Gonzaga Blota com supervisão de Daniel Filho. José Wilker, Paulo Gracindo, Armando Bógus, Fúlvio Stefanini, Dina Sfat, Nívea Maria, Elizabeth Savala e Eloísa Mafalda (a dona do Cabaré Bataclã) estão entre os que se destacaram nessa produção. Ciúmes e traições estavam no centro da trama, que tratava da sociedade patriarcal e de um mundo comandado pelos coronéis baianos dos anos 1920. O choque entre ideias mais conservadoras e comportamentos progressistas também carregava os conflitos. A cidade cenográfica era uma réplica de Ilhéus e tinha como base desenhos de Carybé. A trilha da novela é de clássicos que ecoam ainda hoje, como "Modinha para Gabriela", que Dorival Caymmi compôs para Gal Costa cantar.

Escrava Isaura
A mocinha que comoveu o mundo

Quando leu as primeiras páginas de *Escrava Isaura*, de Bernardo Guimarães, Gilberto Braga imediatamente soube que estava diante de uma história espetacular para ser adaptada ao formato de novela. E não errou. Publicado originalmente em 1875, em plena campanha abolicionista no Brasil – a Lei Áurea só chegaria em 1888 –, o livro de Guimarães narrava com doses precisas de romance, aventura, heroísmo e sofrimento, muito sofrimento, a história de Isaura, jovem escrava branca criada com carinho pela dona da fazenda onde nasceu e que sonhava diariamente com sua liberdade. Lançada em 1976, a novela foi um sucesso imediato e duradouro: dados consolidados pela TV Globo em janeiro de 2016 mostram que *Escrava Isaura* era o quinto entre os programas mais vendidos ao exterior pela emissora, com 104 países licenciados para exibição. Durante décadas ela liderou esse ranking.

A doce e sonhadora Isaura foi o papel de estreia de Lucélia Santos na emissora. Sua carreira nunca mais se desassociaria da figura da escrava: a atriz ganhou projeção internacional e prêmios pelo papel, sendo recebida com pompa por autoridades dos países que exibiram a produção. Na China, até hoje é idolatrada como "Isôla". Na América Latina inteira ficou famosa como "Isaura, la esclava". Lucélia obviamente ganhou muitos fãs também no Brasil, entre eles um em especial: o dramaturgo e escritor Nelson Rodrigues. Consta que ele ligava sempre para Gilberto

Lerê-lerê: Leôncio maltrata um escravo e leva Isaura para testemunhar tudo.

Lucélia Santos como a personagem que a levou a ser conhecida no mundo todo.

Braga para investigar o destino de Isaura nos capítulos seguintes.

A trama acompanha o tortuoso caminho da escrava até a liberdade. Órfã, cresceu sob a tutela de Ester (Beatriz Lyra), sua senhora, que deu a ela uma educação primorosa. Com a morte da protetora logo no início da trama – uma das muitas perdas da história de Isaura –, passou a ser perseguida obsessivamente por Leôncio (Rubens de Falco), filho de Ester. A doentia paixão do senhor de engenho pela escrava causou flagelos, inveja, injustiças, perseguições e mortes, transformando a vida da moça num vale de lágrimas sem fim. Martírio acompanhado com ansiedade pelo público, que chegava a hostilizar Rubens de Falco nas ruas por conta de seu odioso personagem. No caminho de Isaura também havia honra, amor e dignidade, encarnados por Tobias (Roberto Pirillo) – seu primeiro amor, que é assassinado por Leôncio – e pelo jovem abolicionista Álvaro (Edwin Luisi), com quem finalmente a heroína encontrou a paz. Depois de muitas lágrimas e sofrimento, claro.

A abertura da novela, que teve ainda Gilberto Martinho, Léa Garcia, Isaac Bardavid, Norma Blum e uma participação especial de Henriette Morineau, é outro ponto inesquecível. As famosas aquarelas do pintor francês Jean-Baptiste Debret retratando o cotidiano do Rio de Janeiro na época do Brasil Colônia – com cenas de casa-grande e muita senzala – se movimentavam ao som da música "Retirantes", de Jorge Amado e Dorival Caymmi. Uma canção cujo refrão é até hoje usado como ironia quando alguém quer dizer que está trabalhando exaustivamente, como um escravo: "Lê rê, lê rê, lê rêrêrêrêrê/ Lê rê, lê rê, lê rêrêrêrêrê..."

Edwin Luisi e Lucélia Santos, o amor proibido.

Hans Donner
Plim-Plim!

Nascido na Alemanha e criado na Áustria, o designer Hans Donner gosta de lembrar que desenhou a famosa logomarca da TV Globo – o plim-plim – num guardanapo, durante uma viagem de avião. O ano era 1974, ele acabara de conversar com Walter Clark, então diretor-geral da emissora, que ficara encantado com seu trabalho, e voltava à Áustria antes de se estabelecer de vez no Brasil. "Rabisquei o mundo. E, como se tratava de televisão, recortei uma tela e botei o mundo dentro. O que é praticamente o conceito dessa marca", resumiu ele em 2014, quando a mais recente mudança no símbolo foi realizada. Aquela logomarca rabiscada no papel ganhou as telinhas em 1975, quando a Globo completava dez anos. De lá para cá, o designer desenvolveu toda a programação visual da emissora, ao lado do também designer e diretor de arte Nilton Nunes, com quem trabalhou durante mais de 30 anos.

A abertura para o *Fantástico*, em 1984, é um dos trabalhos que Donner gosta de destacar em sua carreira. A computação gráfica, usada pela primeira vez para valer na TV, possibilitou ao público o espetáculo de ver bailarinos evoluindo sobre uma pirâmide que ia sendo fatiada por feixes de luz, criando incríveis jogos visuais para a época. Uma pirâmide de madeira e ferro, de quase oito metros de altura, que reproduzia o cenário da abertura, foi montada no Maracanãzinho para servir de base para o balé. A estrutura, porém, acabou sendo inútil: por um erro de cálculo no ajuste da altura das câmeras, as cenas de dança tiveram que ser gravadas no chão mesmo. De qualquer modo, o trabalho gigante, que durou nove meses, compensou, e o resultado foi considerado revolucionário. Muitas outras aberturas impactantes do programa vieram, como a de 1987, em que Isadora Ribeiro emergia da água, com outros bailarinos, marcando igualmente a memória dos telespectadores.

Em 1990, Donner inovou outra vez, criando uma ousada vinheta de carnaval estrelada pela modelo Valéria Valenssa, que se tornou sua mulher em 2002 e com quem teve dois filhos. Vestida apenas com paetês coloridos grudados em partes do corpo, ela encantou o público. Em 1993, já ao som de "Samba da Globo", música de Jorge Aragão e Franco Lattari que servia como vinheta desde 1991, a mulata tornou-se a Globeleza absoluta, posto que manteve até 2005. A cada ano, Donner e sua equipe criavam novos efeitos para vestir Valéria, e depois suas sucessoras, num ritual de preparação que poderia durar mais de 60 horas.

Autor de numerosas aberturas de novelas, séries e programas de humor, além de cenários (em 1989, ele deu ao *Jornal Nacional* e ao *Jornal Hoje* o visual futurista que ainda se mantém), o designer teve seu trabalho reconhecido internacionalmente e expôs em várias cidades, como Roma, Milão, Paris, Nova York e Londres.

Donner mostra uma das aberturas do *Fantástico*, um registro de 1983.

Sítio do Picapau Amarelo
Narizinho e Pedrinho em carne e osso

Monteiro Lobato, pai da literatura infantil brasileira, autor de um dos enunciados mais bonitos sobre educação de que se tem notícia ("Um país se faz com homens e livros"), morreu em 1948, antes de ver outra bela frase sua transformada em realidade pela incrível força da televisão: "Ainda acabo fazendo livros onde as nossas crianças possam morar." Entre 1977 e 1986, quando a TV Globo exibiu sua primeira adaptação do *Sítio do Picapau Amarelo*, todos os pequenos telespectadores do programa se sentiam vivendo de verdade ao lado da doce vovó Dona Benta (Zilka Sallaberry); da quituteira Tia Nastácia (Jacyra Sampaio); da menina Lúcia, a do narizinho arrebitado (Rosana Garcia/Izabella Bicalho/Gabriela Senra/Daniele Rodrigues); do valente Pedrinho (Júlio Cezar/Marcelo José Patelli/Daniel Lobo), o primo morador da cidade; do sábio Visconde de Sabugosa (André Valli), feito de uma espiga de milho; e da impagável boneca de pano Emília (Dirce Migliaccio/Reny de Oliveira/Suzana Abranches), que tinha olhinhos de retrós e provocava risos e muitas saias justas com sua "torneirinha de asneiras" sempre aberta.

Sob a direção de Geraldo Casé, com uma trilha sonora de alma brasileira, na qual brilhava a canção de abertura de Gilberto Gil ("Marmelada de banana / Bananada de

Reny de Oliveira, a Emília, e Rosana Garcia, a Narizinho.

André Valli, Jacira Sampaio, Cristina Rodrigues e Zilka Salaberry, em 1981, com Samuel dos Santos e Nelson Camargo.

goiaba / Goiabada de marmelo... / Sítio do Picapau Amarelo! / Sítio do Picapau Amarelo!"), o programa conseguia transportar a criançada para aquele lugar idílico e bucólico criado por Lobato em 1920, quando ele publicou *A menina do narizinho arrebitado*. A liberdade de subir em árvores, colher frutas no pé, ouvir as histórias mágicas contadas por Dona Benta e conviver com o Visconde de Sabugosa e Emília – bonecos com alma de gente –, além de viver aventuras emocionantes com a participação de seres mitológicos, como o Saci Pererê e a Cuca, eram um prato saboreado diariamente pela garotada, sobretudo por quem crescia na cidade, longe daquele ambiente todo de infância ideal.

Embora a obra do escritor já tivesse sido levada à televisão anteriormente – na Tupi de São Paulo, ao vivo, entre 1952 e 1962, adaptada pela grande escritora Tatiana Belinky; pela Cultura de São Paulo em 1964; e pela Rede Bandeirantes em 1967 –, foi a primeira versão da Globo que mais fez sucesso e ficou marcada na memória. As histórias originais de Lobato foram respeitadas, mas a adaptação – de Paulo Afonso Grisolli, substituído em junho de 1977 por Benedito Ruy Barbosa, e de Wilson Rocha – aproximava ainda mais o "Sítio" da vida e dos sonhos das crianças que não viviam em área rural. A segunda versão, que foi ao ar entre 2001 e 2007, teve um grande elenco de participações especiais, com Nicette Bruno, Suely Franco e Bete Mendes vivendo Dona Benta em diferentes temporadas.

Aguinaldo Silva, num registro de 2014.

Aguinaldo Silva
Um estilo inconfundível

O público percebe a assinatura de Aguinaldo Silva nas primeiras cenas de uma novela ou série escrita por ele. E isso não acontece apenas quando o autor adota o trilho do realismo fantástico, uma marca de muitas de suas obras, como foi o caso de *Porto dos Milagres*, uma parceria com Ricardo Linhares. Porque Aguinaldo é um autor tanto prolífico – não há relatos de atrasos de texto em suas produções, muito pelo contrário – quanto capaz de dominar também o policial, o drama e as histórias com um pé fincado com vontade no regionalismo.

Nascido em Pernambuco em 1943, foi lá que começou a trajetória de escritor e jornalista. Em 1962, trabalhava no *Última Hora* do Nordeste, braço local do jornal carioca de Samuel Wainer. Em 1964, mudou-se para o Rio e se tornou repórter em *O Globo*. Nos anos 1970, editou *O Lampião*, o primeiro jornal voltado para o público gay do país e uma publicação de resistência contra o preconceito.

O primeiro trabalho na televisão foi em 1979, com *Plantão de polícia*, na Globo. O seriado era estrelado por Hugo Carvana, que vivia o repórter Waldomiro Pena. Para o personagem e as tramas, Aguinaldo se valeu da própria experiência como jornalista. Deu muito certo. Depois, vieram dezenas de novelas e seriados. Entre eles, *Roque Santeiro* (1985, com Dias Gomes) e *Vale tudo* (1988, com Gilberto Braga e Leonor Bassères), dois dos mais importantes folhetins da história da nossa TV. Aguinaldo também criou *A indomada* (1997, com Ricardo Linhares), *Porto dos Milagres* (2001) e *Senhora do destino* (2004). Essa última foi uma de suas mais bem-sucedidas produções, na qual surgiu a grande vilã Nazaré Tedesco, personagem inesquecível interpretada por Renata Sorrah. Moradora do Bairro Peixoto, ex-prostituta e sequestradora, Nazaré praticava os piores atos enquanto era venerada pelo público. Em contraste com ela, a trama contava a história de Maria do Carmo (Susana Vieira), uma nordestina com uma trajetória vitoriosa no Rio.

Em 2014, fez a novela *Império*, que ganhou o Emmy Internacional. Aguinaldo ainda marcou sua autoria na SIC, em Portugal. Sua *Laços de sangue* (2010) também venceu o Emmy. Ao lado de tudo isso, ele tem uma sólida carreira de romancista. É autor, entre muitos outros livros, de *República dos assassinos* e de *Lili Carabina*, que viraram filmes.

Abertura
Os ventos da democracia

Ernesto Geisel passava o bastão para outro general, João Baptista de Oliveira Figueiredo. O AI-5 tinha sido extinto e o caminho para a democratização no Brasil estava desbravado. A Lei da Anistia seria assinada pouco tempo depois da estreia do *Abertura*, em fevereiro de 1979, na TV Tupi. O programa criado por Fernando Barbosa Lima estava em sintonia com a nova brisa que soprava na política e foi impulsionado pela vontade que o público sentia de ver ares liberais varrerem a televisão. A revista eletrônica dominical soou como uma espécie de voz geral represada durante os anos de ditadura militar. Além dessa confluência de ventos favoráveis, o programa, que ia ao ar às 22h30, tinha uma charmosa mistura de colunistas, todos talentos pinçados em áreas variadas da cultura nacional. Desse time plural faziam parte Glauber Rocha, Ziraldo, Antônio Callado, Villas-Boas Corrêa, Roberto D'Avila (que era correspondente em Paris), Vivi Nabuco, Célia Portella, Norma Bengell, Newton Carlos e Jaguar.

Os convidados eram do mesmo naipe. Foi no *Abertura* que Chico Buarque criticou a censura. E também lá que, da França, Roberto D'Avila entrevistou exilados ilustres, como Augusto Boal, Fernando Gabeira, Leonel Brizola e Miguel Arraes. Era uma junção de rebeldia, iconoclastia, barulho, informação e alegria. Criador e diretor, Barbosa Lima evitava o plano americano, preferia os closes e gostava de fundo preto: dizia que, assim, sublinhava a mágica da televisão. Com isso, foi inovador na linguagem e no estilo.

O *Abertura* teve vida curta. Em maio de 1980 e pouco antes da extinção da própria Tupi, Barbosa Lima anunciou seu fim com a frase: "Cavalo de raça a gente mata com um tiro na cabeça." Verdade que a audiência já não estava lá essas coisas. E que, com a evolução da Abertura da vida política real, senadores e ministros, que apareceram ali pela primeira vez depois de anos de ditadura militar, passaram a frequentar também o resto da programação e as demais emissoras. O semanal perdia, então, seu caráter único. E houve também desgastes nos bastidores.

Pouco depois, Barbosa Lima e Roberto D'Avila partiram para outra parceria, o *Canal livre*, na TV Bandeirantes. Foi lá que, entre outros momentos marcantes, Dina Sfat disse ao general Dilermando Monteiro que "tinha medo de generais". Também um fórum de debates, o programa era um filhote do *Abertura*, como muitos outros que vieram a seguir.

Glauber Rocha comandando a festa das gravações de *Abertura* nas ruas do Rio, em 1979.

No início da estrada de *Carga pesada*: Antonio Fagundes e Stênio Garcia, em 1979.

Carga pesada
Aventuras que revelaram muitos Brasis

Foram várias as rodovias percorridas por *Carga pesada*, que estreou em 1979 e foi ao ar na Globo até 1981, para, em 2003, ganhar mais uma leva de episódios. Numa pista, corriam os conflitos privados de Pedro (Antonio Fagundes) e Bino (Stênio Garcia), adorável dupla de caminhoneiros de personalidades contrastantes. Numa mão paralela da mesma estrada, eles transitavam em outra camada narrativa, a dos dramas sociais, das mazelas do Brasil que iam conhecendo a cada viagem. Essas duas dramaturgias se interalimentavam com perfeição.

O público podia apreciar a riqueza do trabalho dos atores, que construíram seus personagens com uma dimensão humana impressionante. E se emocionar com questões maiores, como o trabalho escravo, as greves dos motoristas, os roubos de cargas, a privação de sono de quem dirige a noite toda, a reforma agrária e outros grandes temas. Dias Gomes, Gianfrancesco Guarnieri, Walter George Durst e Carlos Queiroz Telles estiveram entre os que escreveram a série, que teve direção assinada por Milton Gonçalves e Gonzaga Blota.

Carga pesada era um retrato do país visto através dos olhos brasileiríssimos de Pedro e Bino, trabalhadores que espelhavam grande parte dos telespectadores. Eles eram ao mesmo tempo pessoas comuns e heróis. Batalhavam para ganhar a vida, sempre com o orçamento apertado, sentiam saudade de casa e enfrentavam conflitos de todos os calibres sempre com coragem e nas mais variadas locações. Quase nada era feito em estúdio. O programa visitou todas as regiões.

O envolvimento dos atores era profundo. Fagundes chegou a implantar um dente de ouro para uma história e foi autor de alguns episódios. Seu Pedro era solteiro, expansivo, falava alto, vez por outra se apaixonava numa viagem. Já Bino era mais retraído, um homem de família, pai de uma criança. Eles se revezavam ao volante, numa das parcerias mais azeitadas da televisão. Com uma boa trilha (a cargo de Dori Caymmi) e grandes interpretações, as histórias emocionantes se completavam. *Carga pesada* conquistou audiências fiéis entre os caminhoneiros: nos seus horários de exibição, as estradas ficavam vazias. O público feminino também era especialmente fã.

Mãe e filha em *Malu mulher*: Regina Duarte e Narjara Turetta.

Malu mulher
Emancipação no ar

O divórcio só foi instituído no Brasil em 1977, com a emenda de autoria do senador Nelson Carneiro. Antes disso, se o casamento naufragasse, a saída era o desquite. Assim, *Malu mulher* estreou na Globo em maio de 1979 ainda na espuma dos novos direitos legais. Eles eram, claro, um dos efeitos do feminismo. O outro era a chegada maciça das mulheres de classe média ao mercado de trabalho, às universidades e aos divãs da psicanálise. Assim, a série estrelada por Regina Duarte, uma socióloga que rompia o casamento com o marido que a traía (Pedro Henrique/Dennis Carvalho), espelhava tudo isso.

Foi um daqueles momentos em que a televisão funcionou ao mesmo tempo como um farol e como um aval para comportamentos que grande parte do público ainda tinha medo de explorar. Narjara Turetta, aos 12 anos, interpretava Elisa, a filha do casal. O texto era de Armando Costa, Lenita Plonczynski, Manoel Carlos, Renata Palottini e Euclydes Marinho. A direção-geral, de Daniel Filho. Uma das cenas mais famosas foi aquela em que Malu teve um orgasmo e a câmera focalizou sua mão, um show de delicada sutileza. No primeiro ano, o público acompanhou o casamento em crise, foi informado de todos os agentes detonadores do desgaste da relação e testemunhou as discussões, algumas delas mais violentas, o fim do amor e os ecos de tudo isso no ambiente familiar.

A dramaturgia avançou para a vida nova de Malu, sua luta para sustentar a filha e a instabilidade da profissão que a levou a fazer traduções e pesquisas e a vender roupas. A personagem era a voz de uma geração e fez numerosos discursos em cena. O tema e a habilidade dos autores, entretanto, nunca permitiram que o texto caísse no panfletarismo. *Malu mulher* falou, sobretudo, ao coração do telespectador e levantou poeira no terreno do conservadorismo. Assuntos laterais, mas relacionados ao espírito do tempo, também tiveram vez. Um dos episódios mais marcantes foi "Até sangrar", escrito por Manoel Carlos. Nele, Malu aconselha uma prima que está prestes a se casar virgem, aos 31 anos.

A trilha sonora também estava afinada com a questão da emancipação feminina. Grandes cantoras, como Rita Lee, Gal Costa, Fafá de Belém e Elis Regina, participaram dela. E a canção de abertura, "Começar de novo", de Ivan Lins e Vitor Martins, foi uma espécie de hino da separação. O seriado *Malu mulher* foi vendido para mais de 50 emissoras do mundo todo. E com motivos: as questões expostas ali eram universais.

Bozo
Um palhaço, muitos intérpretes

Sucesso na televisão brasileira nos anos 1980/1990, Bozo surgiu nos Estados Unidos em 1949. Foi criação de Larry Harmon, que treinava atores para interpretar o personagem em canais locais de todo o país quando ainda não havia transmissão em rede. Foi uma das mais prósperas franquias da TV e chegou a 40 países. Reza a lenda que Silvio Santos comprou os direitos pensando em ele próprio interpretar o palhaço, mas desistiu, desaconselhado a fazê-lo por pessoas próximas que temiam um vexame.

Aqui, o personagem teve vários intérpretes e durou mais de dez anos. O primeiro deles foi Wandeko Pipoca, que atuava no estúdio da então TVS em São Paulo e foi treinado pelo próprio Harmon. Porém sofria com o anonimato imposto pelo contrato. Bozo era famoso. Já Wandeko ninguém sabia quem era. Por causa disso, ele acabou abandonando o posto e outros atores foram donos do papel: Arlindo Barreto, Luís Ricardo, Décio Roberto, Charles Myara, Nani Souza, Edílson Oliveira, Luiz Leandro, Jonas Santos, Evandro Antunes e Cau Alves. Havia também coadjuvantes, aos quais cabiam outros personagens, como Papai Papudo, Vovó Mafalda, Kuki, Salci Fufu e Gorila King Bozo.

Era uma produção sem grande sofisticação, com pequeno auditório formado por crianças. No entanto, fez enorme sucesso. Num painel no palco, aconteciam jogos de que participava o público infantil de casa, pelo telefone. Os vencedores ganhavam prêmios; em geral, brinquedos. Mais de uma hora antes de o programa entrar no ar, começavam a soar no estúdio milhares de ligações, o que invariavelmente causava problemas de sobrecarga para a Telerj e a Telesp. Durante os intervalos comerciais da rede, entrava no ar um segmento regional, ao vivo, com atores diferentes fazendo Bozo. As crianças sabiam reconhecer seus palhaços favoritos pela voz ou pelo olhar. A fantasia era sempre a mesma, mas houve acidentes. Numa ocasião, Charles Myara, que interpretava o palhaço no Rio, na pressa, entrou sem a peruca. E fez o programa assim mesmo. Silvio Santos, grande admirador do personagem, tinha "olheiros" nos estúdios fora de São Paulo. Eles se misturavam aos funcionários da emissora e avaliavam o desempenho dos atores e da equipe.

O palhaço que teve muitos intérpretes e foi criado nos Estados Unidos.

Marília Gabriela no cenário de *TV Mulher*, na década de 1980. Ela voltou a comandar o programa em 2016, no Canal Viva.

TV Mulher
Sexo frágil não foge à luta

Em 1980, termos como empoderamento feminino não faziam parte do vocabulário cotidiano do país. Assuntos como emancipação, mercado de trabalho, igualdade de direitos e liberdade sexual ainda não eram temas regularmente tratados pela TV. Por isso, no dia 7 de abril daquele ano, quando as telespectadoras ouviram os primeiros versos da música "Cor de rosa choque", composta especialmente por Rita Lee e Roberto de Carvalho para a abertura de TV Mulher, sabiam que alguma coisa diferente estava entrando no ar. A letra ("Sexo frágil não foge à luta / E nem só de cama vive a mulher / Por isso não provoque, é cor de rosa choque") já dava o tom do programa comandado por Marília Gabriela e Ney Gonçalves Dias, que se propunha falar não apenas para a dona de casa, mas para uma mulher moderna que procurava se afirmar e se informar. Além da música, a vinheta de abertura da atração, que inicialmente tinha três horas de duração e era exibida ao vivo – até 1983 apenas para Rio, São Paulo e Juiz de Fora –, mostrava uma emissora de TV totalmente operada por mulheres.

O Brasil de hoje ainda está bem longe de ser um país com plena igualdade de direitos nessa área, mas os seis anos em que TV Mulher esteve no ar ajudaram a romper algumas barreiras e a evidenciar uma nova brasileira em formação. O país vivia ainda sob o regime militar e a Censura não demorou a implicar, por exemplo, com o quadro "Comportamento sexual", apresentado por Marta Suplicy. Palavras como orgasmo e vagina, ditas em pleno horário matinal, soavam como palavrões para os censores, que pediam que o programa fosse retirado do ar. Com roteiro, direção e edição de Rose Nogueira, e direção-geral de Nilton Travesso – criador do programa com José Bonifácio de Oliveira Sobrinho, o Boni –, a atração abria um amplo leque de serviços pensando nessa nova mulher, sem esquecer que ela ainda carregava grandes responsabilidades domésticas.

Marília, além de entrevistar diversos convidados (a cantora Elis Regina participou do primeiro programa), comentava e conduzia outros quadros. Ela e Ney apresentavam o "Serviço de Proteção à Telespectadora", tentando resolver pedidos de ajuda enviados pelo público. Ney também comandava "O direito da mulher", com questões jurídicas sobre o assunto. Marisa Raja Gabaglia estava à frente de uma seção que falava da mulher na casa e no trabalho. "Panela no fogo", a cargo de Marilu Torres Travesso, era a parte culinária. Em tempos de altíssima inflação, "Bolsa de mercadorias" avaliava a oscilação diária de preços da cesta básica no Rio e em São Paulo, apontando as melhores compras. Hildegard Angel contava sobre os bastidores da TV em "Claquete", depois rebatizado como "Camarim". O costureiro Clodovil, com seu estilo mordaz e um tanto destemperado, era o responsável pelas dicas de moda.

Os colunistas foram mudando, mas a dupla principal, Marília Gabriela e Ney Gonçalves, se manteve do início até o fim do programa, em 1984.

O cartunista Henfil entrou em outubro de 1980 para apresentar o "TV Homem", falando do Brasil e dos brasileiros com muito humor.

O programa teve diversas formações ao longo dos anos. Fizeram parte do TV Mulher o psicanalista Eduardo Mascarenhas, a astróloga Zora Yonara, a atriz Irene Ravache (entrevistadora do quadro "Ponto de encontro"), Ala Szerman (responsável pela área de estética e beleza) e muitos outros, como o estilista Ney Galvão, que substituiu Clodovil quando ele saiu após se desentender com a equipe.

Em 1984, Marília Gabriela deixou o programa para se dedicar a outros projetos e Ney Gonçalves Dias se mudou para a TV Manchete. A apresentação ficou com Esther Góes, César Filho e Amália Rocha, em tempos distintos. Em junho de 1986, já com apenas uma hora de duração, TV Mulher saiu de cena. No final de maio de 2016, 30 anos depois da exibição do último programa, o canal Viva levou ao ar um novo TV Mulher, também comandado por Marília Gabriela. Sob a direção-geral de Leticia Muhana e a direção artística de Jorge Espírito Santo, com a música de Rita Lee regravada e repaginada por Arnaldo Antunes e Tulipa Ruiz, a atração, com dez programas, manteve seu espírito original, com entrevistas e debates sobre o universo feminino. Ronaldo Fraga, Regina Navarro Lins, Flávia Oliveira, Fernanda Young, Gabriela Mansur e Ivan Martins formaram o time de comentaristas/colunistas.

Fausto Silva
Faz ao vivo

O vozeirão de locutor foi treinado no início da carreira, no rádio, como repórter esportivo, ainda no fim da década de 1960. Já a rapidez no improviso é de nascença. Juntas, essas qualidades ajudaram Fausto Silva a construir uma das mais longevas e bem-sucedidas carreiras na televisão, onde começou em 1969, como repórter na TV Record. Mesmo na TV, seguiu fazendo rádio e teve uma passagem pelo jornal *O Estado de S. Paulo*, no início dos anos 1980. Era, àquela altura, uma figura pouco conhecida.

Esse apresentador que conquistou o grande público emergiu em 1983, à frente de um quadro na TV Gazeta, dentro do *Comando da madrugada*, de Goulart de Andrade. Era o "Perdidos na noite", um ensaio daquilo que, logo depois, virou um programa inteiro só dele. Em 1986, já na Bandeirantes e exibido nacionalmente de madrugada, o *Perdidos na noite* ganhou o coração do público com seu charme *trash* e o autodeboche rasgado praticado pelo apresentador. Seu palco não tinha fronteiras, o melhor e o pior da música passavam por ali, sem preconceitos. Os jovens comentavam, grupos se reuniam em torno da televisão para assistir e se divertir. Não havia TV paga, os tempos eram outros. A crítica adorava. Era uma mistura de iconoclastia com ironia e circo. Podia palavrão, podia tudo. Havia escracho, mas não se tratava de baixaria. Era um momento de florescimento do rock nacional. Bandas como Legião Urbana se apresentavam ali.

Nos primórdios do *Domingão do Faustão*, na Globo, em 1989.

O pianista Arthur Moreira Lima também, assim como Jovelina Pérola Negra e Gilberto Gil. Faustão ao mesmo tempo era transgressor, ocupava um lugar no underground e se estabelecia como um sucesso nacional.

A persona Faustão estava pronta. E foi com esse apelido que ele estreou na Globo em 1989. Primeiro, fazendo entrevistas no

Em 1993, Fausto Silva no comando do seu *Domingão*, na Globo.

No *Perdidos na noite*, da Rede Bandeirantes, em 1987.

ANOS DE BAIXARIA,

carnaval. Em seguida, com o seu *Domingão*. Era a artilharia da emissora na guerra pela audiência vespertina que tinha do outro lado o *Programa Silvio Santos*, da TVS – que, no ano seguinte, passou a se chamar SBT – e, depois, Gugu Liberato.

Equipado com sua experiência no rádio e no *Perdidos*, Faustão fez do seu semanal o palco por onde passaram todos os mais importantes artistas da música do país. Mas não só eles. Uma das mais longevas atrações de nossa TV, o *Domingão* é um caldeirão de jogos, jornalismo e variedades. Uma tarefa difícil. Faustão gosta de dizer que "quem sabe faz ao vivo". Mas tem outra frase, menos famosa, que resume bem sua importância: "Eu sou tímido, mas, com o microfone na mão, viro a maioria."

Guel Arraes, o homem que trouxe uma maré de renovação para a Globo, num registro de 2003.

Guel Arraes
Renovador de linguagens

A chegada de Guel Arraes à Globo, em 1981, foi uma maré de renovação na linguagem da dramaturgia e, principalmente, na do humor. Foi ele quem atraiu para a televisão toda uma geração de talentos que estava nos teatros, no Circo Voador, fazendo experimentações nos circuitos alternativos. Guel arregimentou, incendiou e deu liberdade criativa a essa garotada que praticava uma arte cheia de frescor. Resultado: surgiram programas como o *Armação Ilimitada*, o *TV Pirata*, a série *Comédia da vida privada*, o *Brasil legal* e o *Casseta & Planeta, urgente!*. Ele deu visibilidade e recursos a muitos artistas que atuavam para plateias restritas. E ajudou a conquistar o público jovem para a televisão, reforçando a impressão de que ela era um lugar de novidades. Cláudio Paiva, Bussunda, Marcelo Madureira, Beto Silva, Cláudio Manoel, Hélio de La Peña, Hubert, José Lavigne, Hermano Vianna, Sandra Kogut, Pedro Cardoso, Patricya Travassos, Evandro Mesquita e uma legião de jovens cabeças foram convidados a pensar formatos. A chegada dessa turma ao *mainstream* mudou tudo.

A maravilhosa série *Comédia da vida privada*, da obra de Luis Fernando Verissimo, foi iniciativa do núcleo de Guel, que dirigiu muitos dos episódios (de 1995 a 1997). Era um tipo de humor inédito na TV de então, cheio de sutileza e requinte, mas ao mesmo tempo fincado no cotidiano. Foi um corte na graça feita apenas de esquetes, com investimento na dramaturgia de fôlego. Havia uma mistura perfeita do artesanal com a indústria da televisão. Em programas patrocinados por ele, como o *Brasil legal*, com Regina Casé, os anônimos viraram personagens, outra grande novidade, algo que subvertia a relação vertical da TV com seu público. Guel foi piloto, agente e catalisador de todas essas transformações.

Filho do político Miguel Arraes, Guel nasceu em Recife, em 1953, e viveu na Argélia com a família por três anos, depois que o pai foi cassado pela ditadura, em 1969. Aos 18 anos mudou-se para a França, começou a estudar cinema na Universidade de Paris e trabalhou com o documentarista Jean Rouch e com Jean-Luc Godard num projeto sobre Moçambique. Assim, quando voltou para o Brasil, aos 26 anos, já tinha um currículo e tanto. No primeiro trabalho na emissora, a novela *Jogo da vida* (de Silvio de Abreu), estava no time de diretores ao lado de Jorge Fernando e do já veterano Paulo Ubiratan. Além da bem-sucedida trajetória na televisão, tem uma filmografia respeitada e fez incursões no teatro. Tornou-se executivo na área de Entretenimento da Globo.

Pedro Bial
O repórter completo; o comunicador para a massa

Raríssimas figuras da televisão manejaram tão bem, e simultaneamente, os mais escorregadios malabares do jornalismo e do entretenimento como Pedro Bial. O público que o acompanha há quase quatro décadas assistiu à construção de uma carreira tão sólida na reportagem quanto no show. Foi correspondente do jornalismo da Globo no exterior, participando das mais importantes coberturas, e apresentador da maior expressão de programa popular, o *Big Brother Brasil*. Essa versatilidade conferiu a ele um lugar único. As duas vocações, somadas, resultaram em atrações híbridas. Foi o caso do *Na moral*, que ele comandou na emissora de 2012 a 2014. E do *late show* que ocupará as noites da emissora a partir de 2017.

Nascido no Rio, em 1958, ele se formou em jornalismo e começou na Globo em 1981. Primeiro passou por uma afiliada na Bahia até se tornar editor do *Jornal Hoje* e do *Jornal das Sete*. Logo fez entrevistas especiais e se destacou. Em seguida, ingressou na equipe do *Globo Repórter*. Sua primeira grande contribuição, em 1983, foi um programa sobre o então vicejante rock nacional, em que ouviu talentos, àquela ocasião ainda emergentes, como Lulu Santos, Blitz e Ritchie. Essa edição foi reexibida no Canal Viva em 2016, entre outras consideradas históricas.

O período como correspondente internacional em Londres, de 1988 a 1996, coincidiu com a transformação da Europa, causada pela queda da Cortina de Ferro. Em 1989, entrevistou Lech Walesa, líder sindical polonês, com uma plateia de cinco mil pessoas, durante um comício. Foi ao ar no *Jornal Nacional*. Um dos mais brilhantes repórteres que a televisão já teve, era o homem certo no lugar exato e em momentos historicamente cruciais. Cobriu a reunificação da Alemanha, em 1990, e o fim da União Soviética, no ano seguinte. Esteve também nas guerras do Golfo (1991) e da Bósnia (1992). Em 1996, foi convidado a voltar e passou a apresentar o *Fantástico* ao lado de Fátima Bernardes. Entretanto, nunca deixou de lado a atividade de repórter e cobriu várias Copas do Mundo. Paralelamente, esteve à frente do *GloboNews literatura*.

Em 2002, veio a virada na direção do show: assumiu a apresentação do *Big Brother Brasil*. Era uma novidade, um programa que, àquela altura, ninguém poderia imaginar, ganharia tanta força. Ali também ele imprimiu uma marca pessoal, com os discursos de eliminação que muita gente considerava indecifráveis. Eles geravam uma enorme curiosidade entre os telespectadores: quem seria o eliminado? Era a pergunta que pairava a cada frase "enigmática" escrita e dita por Bial. Simpático e mais dono daquele palco a cada edição, permaneceu no posto até 2016. Defendeu o programa sem nunca se colocar acima da sua tarefa. Saiu tendo provado que é capaz de jogar nas onze. Durante esse período, ainda participou de algumas coberturas jornalísticas importantes, como a "Caravana JN", do *Jornal Nacional*, em 2006.

Como apresentador do programa *Big Brother Brasil*.

No palco do *Domingo legal*, no SBT, em 1996.

Gugu Liberato
O sensacionalismo com cara de bom-moço

Cria de Silvio Santos, que um dia apostou nele como sucessor, Antonio Augusto Liberato acabou fazendo carreira solo e se tornando, ele próprio, uma marca poderosa. Seu apelido, Gugu, batiza um império que fatura mais do que jamais ganhou com seu trabalho de apresentador de televisão. Ele é dono de negócios nos mais variados ramos enquanto investe no mercado de televisão com a sua produtora, a GGP.

Nascido em 1959, Gugu mostrou tino para os negócios desde pequeno. Aos 8 anos, apanhava flores na vizinhança, em São Paulo, onde cresceu. Picava as pétalas e fazia uma mistura com álcool. Então vendia esses "perfumes". Segundo ele contou mais tarde em entrevistas, "a freguesia comprava por pena". O primeiro emprego, de office boy, foi aos 12 anos, numa imobiliária. Pouco tempo depois, botou o pé na televisão, mas como participante de gincanas promovidas por Silvio Santos na então TVS. Um dia, furou o bloqueio até o "patrão" e entregou a ele um envelope com sugestões de novas promoções. Com a ousadia, acabou atraindo a atenção de Silvio, que aproveitou uma delas. Pouco tempo depois, Gugu foi contratado como assistente de produção.

E assim fez uma carreira meteórica no SBT. Estabeleceu-se mesmo à frente do *Viva a noite* (1982 a 1992). O programa chegava a vencer a Globo aos sábados à noite e marcou época. Nesse período, comandou o *Passa ou repassa* (1988) e o *Sabadão sertanejo* (1989), entre muitas outras atrações na emissora.

Mas sua tarefa mais duradoura foi o *Domingo legal* (1993 a 2009). O programa disputava a audiência ponto a ponto com o *Domingão do Faustão*. Uma guerra ferrenha e difícil para os dois lados. Um dos trunfos do SBT por muito tempo foi o quadro "A banheira do Gugu", no qual mulheres bonitas de biquíni participavam de uma competição em que deveriam procurar sabonetes atirados na água. A atração tinha um caráter erótico, claro, mas também era uma brincadeira popular e infantil.

Um escândalo manchou a reputação do programa e de seu apresentador em 7 de setembro de 2003, quando foi exibida uma falsa entrevista com dois supostos integrantes de uma facção criminosa dentro de um ônibus. Eles faziam ameaças a autoridades e a personalidades da TV. Era mentira. O caso foi investigado e o assunto acabou encerrado do ponto de vista da Justiça, mas comprometeu o sucesso da atração.

Em 2009, Gugu se transferiu para a Record, onde passou a apresentar um programa com seu nome.

Gloria Perez, num registro de 1991, quando escrevia *Barriga de aluguel*.

Gloria Perez
Imaginação sem limites, campanhas sociais, temas inéditos

Grandes temas como a clonagem, o transplante de órgãos ou o tráfico humano sempre fizeram parte das novelas de Gloria Perez. Dona de uma antena especial e de um certo espírito profético, ela tem também muita imaginação. Trata de assuntos inéditos na dramaturgia, sempre com uma dose grande de criatividade, como em *Barriga de aluguel* (1990) e *O clone* (2001).

Historiadora por formação, era a mais próxima colaboradora de Janete Clair em 1983, quando ela estava à frente de *Eu prometo*. Com a morte da titular, Gloria assumiu o trabalho e assim mostrou sua competência. Tanto que, no ano seguinte, escreveu, em regime de coautoria com Aguinaldo Silva, *Partido alto*, novela do horário nobre dirigida por Roberto Talma, com Gloria Pires, Raul Cortez e elenco de primeira.

Com isso, contratada da Globo, apresentou à direção da emissora a sinopse de *Barriga de aluguel*. A ideia do enredo em torno de uma mulher infértil que se valia do útero alheio para realizar o sonho de ser mãe foi mal recebida na emissora. O projeto acabou na gaveta e Gloria se transferiu para a TV Manchete, a convite de José Wilker, que estava comandando seu núcleo de teledramaturgia. Lá, emplacou *Carmen*, que teve direção de Luiz Fernando Carvalho e foi estrelada por Lucélia Santos e Paulo Betti. Seu sucesso rendeu um convite para voltar à Globo com a minissérie *Desejo*, grande produção de 1990 em que recontou a trágica história do triângulo amoroso envolvendo Euclides da Cunha (Tarcísio Meira), Ana de Assis (Vera Fischer) e Dilermando (Guilherme Fontes). A produção teve direção de Wolf Maya, parceiro dela em outros sucessos da emissora, como *Barriga de aluguel*, que fez, finalmente, a seguir e com muito êxito. A partir dessa novela, a abordagem de temas improváveis deixou de ser vista como "extravagante" para ser encarada, com justiça, como uma qualidade de seu estilo.

Em 1995, em *Explode coração*, Gloria ambientou sua trama num clã cigano. Os protagonistas, Dara (Tereza Seiblitz) e Julio (Edson Celulari), namoravam pela internet numa época em que a rede estava apenas começando. A novela ganhou o público com muito romance e também é lembrada pelo personagem do Cigano Ygor (Ricardo Macchi), que entrou mudo e saiu calado. Em 1998, Gloria voltou a sacudir o Brasil com *Hilda Furacão* e o casal formado por Ana Paula Arósio e Rodrigo Santoro. A clonagem, a dependência química e o islamismo foram assuntos de *O clone*, megassucesso de 2001, responsável por deliciosos bordões, como "Vai arder no mármore do inferno" e "Vou desfilar minha figura na medina". A autora foi se aprofundando e se aperfeiçoando na sua especialidade: misturar culturas estrangeiras a tipos populares e grandes campanhas sociais. Depois, vieram *América* (2005), *Caminho das Índias* (2009) e *Salve Jorge* (2012). Com *Caminho das Índias*, ganhou o Emmy.

Armação ilimitada
Transgressão, humor e amor a três

Alguém imaginaria que, apenas dois meses depois de o último presidente militar deixar o poder no Brasil e com a censura mais branda, mas ainda vigente oficialmente, um programa de TV botaria no ar, em horário nobre, um namoro a três? Pois esse era um dos ousados trunfos de *Armação ilimitada*, que estreou em maio de 1985 na TV Globo e durou até dezembro de 1988. Escrito por Antonio Calmon, Patricya Travassos, Euclydes Marinho, Nelson Motta (estes dois nos quatro primeiros episódios), Daniel Más, Mauro Rasi e Vicente Pereira, entre outros, o seriado tinha como ponto central a relação dos amigos Juba (Kadu Moliterno) e Lula (André de Biase) com a jornalista Zelda Scott (Andréa Beltrão). Ela gostava dos dois, os dois gostavam dela, eles viviam juntos e ninguém brigava (só de vez em quando) por causa disso.

Armação ilimitada, porém, ia muito além do arranjo amoroso dos três. Um sopro de liberdade, renovação e transgressão atravessava o Brasil daquela época. A juventude marcava seu lugar ao sol na música, no cinema e nas artes em geral. O seriado era uma celebração da cultura pop e buscava espelhar essa energia misturando linguagem dos quadrinhos, dos videoclipes e dos clichês dos filmes de ação em episódios cheios de adrenalina e muito humor. A ideia original partiu dos próprios Kadu Moliterno e André de Biase, que já haviam contracenado na novela *Partido alto* (1984). Eles pegavam onda juntos, como bons meninos do Rio que eram, e queriam levar ao telespectador mais jovem essa proposta de diversão. O diretor Daniel Filho topou e *Armação ilimitada* fez história em suas quatro temporadas.

Antonio Calmon dirigira os filmes *Menino do Rio*, de 1981, e *Garota dourada*, de 1984, que também misturavam esporte e romance, e era um nome forte para a criação das tramas. Para dirigir foi chamado Guel Arraes, que acabou criando a linguagem do programa. Os personagens de vez em quando paravam e conversavam com o telespectador, brincando com o próprio roteiro ou com a produção. Tal qual nos desenhos animados, a cada vez que o Chefe (Francisco Milani) surgia em cena discutindo com Zelda, ele ia sendo caracterizado ao pé da letra: se ela dizia que ele estava uma pilha, o diretor do jornal aparecia como uma pilha gigante; se ela o chamava de porco, lá estava ele sentado à mesa portando uma cabeça suína. Como nos quadrinhos, balõezinhos com símbolos gráficos substituíam o som quando alguém falava um palavrão.

Outra graça do programa era a presença de uma espécie de mestre de cerimônias, o DJ Black Boy (vivido por Nara Gil), que ia narrando e comentando as aventuras de dentro de um estúdio. A dedicação de Kadu Moliterno e André de Biase era tanta que em muitos episódios eles mesmos executavam as cenas de ação. Até que depois de alguns pequenos acidentes foram substituídos por dublês.

Liberdade e alegria sem limites: Andréa Beltrão entre Andre de Biase e Kadu Moliterno, em 1985.

A linguagem ágil, a música, as referências a clássicos do cinema e a lugares da época e a fantasia solta (cruzavam o caminho da turma vampiro, sereia, agentes secretos e ETs) agradaram em cheio a uma garotada que buscava novidades em época de grandes mudanças no país. *Armação ilimitada* ainda trazia no elenco Jonas Torres no papel de Bacana, o menino órfão adotado pelo trio; Catarina Abdala como Ronalda Cristina, melhor amiga de Zelda; e Paulo José interpretando o pai da jornalista.

Em 1989, Moliterno e De Biase estiveram à frente de *Juba & Lula*, um programa dirigido por Roberto Talma, mais voltado para o público infantil, que apresentava reportagens sobre esporte e ecologia, promovia competições e exibia números musicais. Com as participações de Paulo César Pereio e Evandro Mesquita, ficou no ar entre junho e julho.

Luiz Fernando Carvalho
O artesanato na indústria da televisão

Na mais equipada das áreas da indústria cultural no Brasil, a televisão, Luiz Fernando Carvalho conseguiu se afirmar como um dos diretores com mais força autoral. Ele mantém na TV Globo desde 2013 um núcleo criativo multidisciplinar, uma espécie de "Luizlândia", onde os atores se preparam para cada trabalho em ensaios e workshops, em meio a oficinas de figurino e cenografia que funcionam numa ilha isolada no Projac. Carvalho atua em todos os veios das obras que comanda. Dirige e muitas vezes participa como coautor do texto. Seu trabalho se caracteriza pelo rompimento com as linguagens tradicionais, sem que isso signifique que ele mesmo tenha caído na repetição dos modelos que inventou. A cada nova série ou novela, Carvalho sabe começar do zero. "Meu trabalho é fruto da necessidade de criar. É a substância capaz de fundar uma linguagem", disse ele uma vez. Foi assim em *Hoje é dia de Maria* (2005); em *A pedra do reino* (2007); em *Capitu* (2008); e em *Meu pedacinho de chão* (2014), só para dar alguns exemplos dessa obra multidimensional, mas sempre com uma assinatura forte.

Nascido no Rio em 1960, ele estudou Arquitetura e Letras, mas logo se interessou pelo cinema. Em 1986, escreveu e dirigiu o curta *A espera*, inspirado em *Fragmentos de um discurso amoroso*, de Roland Barthes. Chegou à Globo Usina, um espaço destinado à produção de novos formatos de dramaturgia, fora da linha das novelas. Ali começou a atuar como assistente de direção de Paulo Afonso Grisolli nas *Quartas nobres*. Depois, foi assistente de Paulo José em *O tempo e o vento* (1985) e de Walter Avancini em *Grande sertão: veredas* (no mesmo ano). Com a ida de José Wilker para a Manchete para dirigir o núcleo de dramaturgia, aceitou o convite para mudar de emissora, em 1987. Lá, esteve à frente das novelas *Helena* e *Carmen*. No dia em que o último capítulo de *Carmen* foi ao ar, o telefone tocou: "Era Paulo Ubiratan me convidando para dirigir *Vida nova*, de

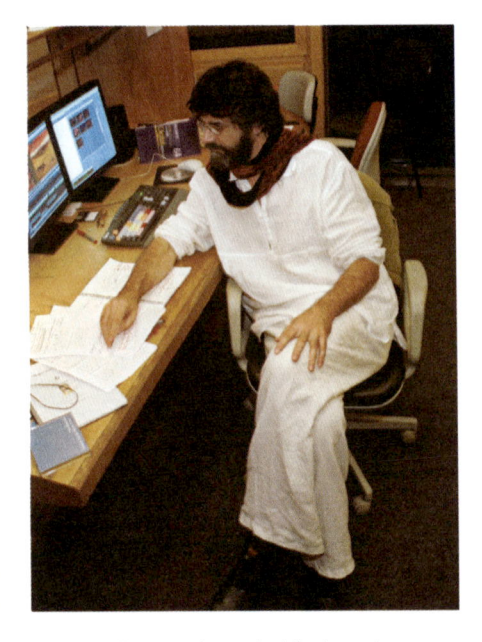

Na época da minissérie *Hoje é dia de Maria*, na ilha de edição, no Projac, em 2005.

Orientando uma gravação de *Hoje é dia de Maria 2*, que foi ao ar no mesmo ano, na Semana da Criança.

Benedito Ruy Barbosa, na Globo." Assim, ele voltou para o canal.

Em 1990, assumiu *Gente fina*, de Luís Carlos Fusco. Em 1993, *Renascer*, um trabalho importante, às 21h, em que ele repetiu a dupla com Benedito. Depois, vieram várias novelas, entre as quais se destacam *O rei do gado* (1996), que abordava a questão dos sem-terra, *Meu pedacinho de chão* (2014) e *Velho Chico* (2016), todas com o autor. Minisséries como *Riacho doce* (1999), *Os Maias* (2001), *Hoje é dia de Maria* (2005), *A pedra do reino* (2007), *Capitu* (2008), *Afinal, o que querem as mulheres?* (2010) e *Suburbia* (2012) também estão no seu currículo. Carvalho ainda dirigiu *Lavoura arcaica* (2001), filme baseado na obra de Raduan Nassar.

Bruna Lombardi, como Diadorim, e Tony Ramos, o Riobaldo, nas gravações de *Grande sertão: veredas*, em 1985.

Grande sertão: veredas
A multidão de telespectadores descobre o universo de Rosa

A tarefa de adaptar um clássico da literatura brasileira para a televisão nunca é fácil. E quando esse clássico é *Grande sertão: veredas*, obra-prima de João Guimarães Rosa lançada em 1956, cresce o calibre da complexidade da tarefa. Como transpor a intricada construção linguística do romance de 600 páginas, erguida sobre neologismos, à mercê dos descaminhos da memória do ex-jagunço Riobaldo, que trilha uma viagem profunda pelos abismos da existência humana, em permanente conflito entre o bem e o mal, entre Deus e o diabo? Em 1985, esse foi o desafio do diretor Walter Avancini. Ele conseguiu transportar com força e brilho essa urgência de vida para a televisão na bela minissérie exibida entre 18 de novembro e 20 de dezembro na TV Globo.

Adaptada por Walter George Durst, com a colaboração de José Antonio de Souza, a produção mostrava de imediato dois grandes trunfos. O primeiro, Tony Ramos, em mais uma atuação inspirada, no papel do torturado Riobaldo, rara figura letrada entre homens brutos, mas nem por isso menos distante das rudezas do sertão. O segundo, Bruna Lombardi, ao mesmo tempo faiscante e contida, no papel de Diadorim, mulher que precisou esconder a condição feminina sob uma aparência masculinizada durante toda a existência para conseguir sobreviver

Tarcísio Meira era Hermógenes. Ele mal era reconhecido quando aparecia no ar sujo e desgrenhado.

naquele ambiente, tornando-se um dos mais cruéis jagunços do grupo. Outro grande acerto foi a caprichada caracterização do elenco, tanto nos figurinos (concebidos pelo próprio Avancini) quanto na maquiagem, que precisava expressar a dureza dos personagens. Tarcísio Meira contou, em depoimento ao projeto Memória Globo, que mal foi reconhecido pelo público quando apareceu, desgrenhado e sujo, como o traidor Hermógenes, que assassina Joca Ramiro (Rubens de Falco) e é morto por Diadorim, a quem também mata.

Embora a adaptação tenha deslocado o foco mais para a ação, com cenas impressionantes das violentas guerras sertanejas – a produção contou com mais de 1.500 figurantes nos papéis dos jagunços e cavaleiros que travaram as batalhas –, está lá a beleza do texto de Rosa, principalmente no que diz respeito às questões existenciais de Riobaldo. O personagem fica desconcertado diante do amor que sente por outro homem, que é o que ele acredita ser Diadorim. São de uma beleza ímpar as cenas em que ele reconhece para si mesmo, torturado, esse grande e estranho sentimento, e aquela na qual chora diante do corpo nu, inerte e feminino de Diadorim, revelada somente depois de sua morte como Maria Deodorina da Fé Bittencourt Marins, filha do jagunço Joca Ramiro, ao lado de quem ambos lutaram.

A minissérie foi gravada durante 90 dias em Paredão de Minas, no distrito de Buritizeiro (MG), e mobilizou quase duas mil pessoas entre atores, técnicos e figurantes, numa produção que seria a mais cara da história da TV até então. Todo o consumo de comida e água também era superlativo: uma tonelada de frutas por semana, um boi por refeição, 13 mil copos de água por dia.

O esforço dos envolvidos, dos atores aos técnicos – para mergulhar no trabalho todos precisaram conhecer a região, incluindo o responsável pela trilha sonora, o maestro Julio Medaglia, que passou uma semana em Paredão –, foi amplamente recompensado. A minissérie é, ainda hoje, um dos mais belos trabalhos da TV, tendo sido vendida para diversos países.

Roque Santeiro
Cem por cento de audiência

A primeira versão de *Roque Santeiro*, de 1975, teve 36 capítulos gravados com Betty Faria, Lima Duarte e Francisco Cuoco como protagonistas. Mas a Censura Federal vetou a trama e a Globo teve que criar a substituta, *Pecado capital*, às pressas. Enquanto ela estava sendo produzida, a emissora exibiu um compacto de *Selva de pedra*. Só dez anos mais tarde, em junho de 1985, a trama de Dias Gomes e Aguinaldo Silva dirigida por Paulo Ubiratan saiu da gaveta para se tornar um dos maiores sucessos da história da televisão brasileira com todos os méritos. E nunca se saberá se a primeira versão teria obtido êxito tão retumbante.

O personagem-título, de José Wilker, era um falso milagreiro que os habitantes da fictícia Asa Branca acreditavam ter sido morto ao defender a cidade do terrível bandido Navalhada. Seu sumiço foi também a oportunidade para que prosperasse a crença no mito de um santo. Por isso, quando Roque voltou ao lugar, 17 anos mais tarde, ameaçou uma ordem que estava mais do que estabelecida: a cidade lucrava com a fama de ser o berço do milagreiro. A revelação de que ele nem era santo nem havia morrido apavorava o padre Hipólito (Paulo Gracindo), o prefeito Florindo Abelha (Ary Fontoura) e o comerciante Zé das Medalhas (Armando Bógus).

Uma suposta viúva dele, Porcina (Regina Duarte), era uma das principais figuras da sociedade local. Ela, na verdade, nem conhecera Roque e mantinha um romance com Sinhozinho Malta (Lima Duarte). Paralelamente, uma equipe de cinema chegou à cidade para filmar a história de Roque, que, na ficção da ficção, era interpretado por Fábio Jr.

Roque Santeiro marcou por tudo. O texto,

Padre Hipólito (Paulo Gracindo) e Sinhozinho Malta (Lima Duarte) na novela que parou o Brasil e consagrou vários bordões que ecoam até hoje.

Regina Duarte, a Viúva Porcina, e Lima Duarte, o Sinhozinho Malta.

maravilhoso, ganhou ainda mais potência com as interpretações de um elenco de primeira. Regina e Lima compuseram uma dupla imbatível. Sinhozinho Malta balançava o punho carregado de pulseiras enquanto perguntava, autoritário: "Tô certo ou tô errado?" Porcina convocava a empregada, Mina, personagem de Ilva Niño, com um grito: "Minaaaaaaaa!!!" Quem assistiu lembra, e quase todo mundo assistiu: a audiência de *Roque Santeiro* chegou a ser absoluta. A novela era uma metáfora do Brasil coronelista, das relações sociais complicadas e da exploração da fé e da ingenuidade popular com uma embalagem cheia de humor requintado. Regina Duarte nunca mais foi a mesma aos olhos do público depois de 1985. Porcina, mais que uma personagem, refletia um estilo, um jeito de ser exuberante.

O país estava mudando, em plena abertura política. A trama, embora festiva, não fugia de questões espinhosas, em plena sintonia com o momento. Era um resumo do Brasil. Tudo foi feliz nessa produção, inclusive a música. Pela primeira vez, a Som Livre, em vez de lançar um disco nacional e outro internacional, produziu duas trilhas em português. E ainda ecoam canções da novela, como o "ABC do Santeiro", de Sá e Guarabyra, e "Dona", também da dupla, interpretada pelo grupo Roupa Nova.

Fábio Jr., o mulherengo Roberto Mathias, e Cássia Kis, a reprimida Lulu.

João Carlos Barroso, Eloísa Mafalda, Lucinha Lins e Ary Fontoura, na praça central da cidade onde a trama era ambientada.

Marcos (Felipe Camargo) e Lurdinha (Malu Mader), o casal que encantou o país em 1986.

Anos dourados
A nostalgia toma conta do público

A começar pelo título, uma citação à canção de Chico Buarque e Tom Jobim, tudo em *Anos dourados* foi uma reverência a um Rio de Janeiro idílico e romântico dos anos 1950/1960. Além da trilha, o figurino (Helena Gastal) e a cenografia (Mário Monteiro) contribuíram para recriar todo esse ambiente. No ar em 1986, a história de Gilberto Braga – foi a primeira minissérie dele – retratava o amor de Lurdinha (Malu Mader), normalista do Instituto de Educação, e Marcos (Felipe Camargo), aluno do Colégio Militar. O público se encantou com as sequências dos bailes ao som de Nat King Cole, Dolores Duran e Dick Farney, que compunham a trilha, uma produção feita em parceria por Paulo César Saraceni e Gilberto. A direção foi de Roberto Talma.

Os pais de Lurdinha, Celeste (Yara Amaral) e Dr. Carneiro (Cláudio Correia e Castro), não queriam o romance porque Marcos era filho de uma mulher desquitada, Glória (personagem de Betty Faria), apaixonada por um homem casado, Dorneles (José de Abreu). Lurdinha, a boa moça, obediente e acanhada, tinha uma grande amiga bem mais corajosa do que ela. Rosemary (Isabela Garcia) também era virgem, mas rebelde. Ela fazia par com Taumaturgo Ferreira, o Urubu, que emulava James Dean, sempre com um cigarro pendurado no canto da boca. Antonio Calloni, Bianca Byington, Lúcia Alves, Paula Lavigne, Maria Lucia Dahl, Rodolfo Bottino e Milton Moraes, entre outros, integravam o elenco.

Tais conflitos podem parecer difíceis de compreender hoje, mas ainda faziam sentido entre alguns setores da sociedade brasileira na época da exibição do programa. A minissérie em 20 capítulos expôs o pensamento conservador de uma forma crítica. Tratou de virgindade, aborto, repressão sexual e masturbação, temas àquela altura pouco visitados pela televisão. Em 2003, a Globo lançou uma versão compacta, em DVD, reeditada por Gilberto. A parceria dele com Malu se repetiu muitas vezes na televisão depois do êxito desse trabalho. *Anos dourados* é um clássico e foi vendida para mais de 20 países, do Leste Europeu à América Latina, sempre com sucesso.

Roda viva
Perguntas de todas as direções

Poucos programas têm um título que diz tanto sobre seu conteúdo. No ar na TV Cultura desde 1986, o *Roda viva* tem um cenário que, guardadas as devidas proporções, equivale a um Coliseu romano. O entrevistado fica no centro, abaixo dos que fazem a sabatina, instalados numa arena ao seu redor. A voltagem dos debates varia muito de semana para semana. Às vezes, eles esquentam. Em outras ocasiões, a entrevista corre sem solavancos.

Graças ao amplo espectro de convidados, essa roda de discussão mantém o frescor. Houve algumas mudanças no formato desde a estreia, mas sempre suaves. Quando a exibição é ao vivo, o público é convidado a participar. Nas décadas de 1980 e 1990, isso acontecia por meio de telefones atendidos por pessoas que ficavam no cenário. Depois, vieram a internet e o Twitter, e eles também foram absorvidos no debate. Dos primórdios até hoje, o programa passou por um rodízio grande de apresentadores. Rodolpho Gamberini, Lilian Witte Fibe, Matinas Suzuki, Paulo Markun, Mário Sergio Conti, Heródoto Barbeiro e outros já comandaram a atração, hoje a cargo de Augusto Nunes.

Já no centro da conversa estiveram quase todas as personalidades brasileiras importantes das artes, do esporte e da política. E alguns convidados estrangeiros também. Assim, em 1995, Ruth Escobar, atriz, empresária e ex-deputada, contou ali que já tinha tomado LSD e gostado. Entre os seus inquiridores, José Celso Martinez Corrêa, de quem ela tinha sido noiva. Em 1987, Hebe Camargo esteve lá, discorrendo sobre os 40 anos de carreira. Falou de censura e se disse "emocionada por estar num programa tão sério e importante". No mesmo ano, Dercy Gonçalves foi alvo da sabatina e se declarou "moralista". "No sexo, não sou mulher de grandes cavalariças. Gosto de apagar a luz", afirmou, levando seus entrevistadores às gargalhadas. Em 1986, Ayrton Senna falou sobre sua rivalidade com Nelson Piquet. No ano seguinte, João Saldanha soltou o verbo sobre corrupção no futebol. Então, em 1992, às vésperas da votação do impeachment, não houve convidado. No centro, foi instalada uma cadeira com a faixa presidencial. E o público mandou perguntas, dirigidas a um time que contou com Millôr Fernandes e Lygia Fagundes Telles, entre outras figuras nacionais de projeção.

O *Roda viva* sempre correu em sintonia com o pulso do país. Ele é retransmitido para outras emissoras públicas do Brasil, pela internet e pelo rádio AM.

Pietro Maria Bardi
em entrevista ao
Roda viva, em 1986.

Em 1992, a apresentadora na gravação do programa de despedida do *Xou da Xuxa*.

Xuxa

A invenção do Reino dos Baixinhos

Mais que uma apresentadora de programas infantis, Maria da Graça Xuxa Meneghel construiu uma marca de imensa capilaridade. Até hoje as festas de aniversário de criança são animadas por um hit lançado há décadas em seu palco, o "Parabéns da Xuxa". Ela começou na TV Manchete, foi para a TV Globo e depois para a Record. De 1983, quando estreou no *Clube da criança*, na emissora de Adolpho Bloch, até os anos 2000, lançou uma ampla discografia e linhas de roupas, cosméticos e cadernos escolares. Criou uma fundação para ajudar crianças carentes e capitaneou campanhas publicitárias e sociais como a "Não Bata, Eduque", de 2007, contra a violência.

Colecionou fãs e recebeu deles o apelido de "Rainha". Por sua vez, chamava seus adoradores de "baixinhos", o que acabou fazendo dela a "Rainha dos Baixinhos". Durante anos, apresentou-se com um grupo de dançarinas, as paquitas, e costumava usar um léxico próprio, acrescentando o "X" às palavras. Muito marketing aliado ao carisma pessoal e à orientação profissional da empresária Marlene Mattos fizeram de tudo isso uma marca poderosa, ultrapassando fronteiras e conquistando imensa popularidade em países como a Argentina.

Antes de chegar à televisão, Xuxa foi modelo. Ela nasceu no Rio Grande do Sul e veio para o Rio ainda criança. Aos 16 anos, começou a desfilar e fazer fotos de publicidade. A primeira capa de revista foi a da *Carinho*, da Bloch Editores, para em seguida, em 1980, estourar. Em 1983, Maurício Sherman lançou a loura no *Clube da criança*, programa que

As Paquitas em 1989. No alto, à direita, Letícia Spiller, hoje atriz de novelas.

comandou na Manchete até 1986. Naquele ano, transferiu-se para a Globo com o diário *Xou da Xuxa*, que durou até 1992. Ela chegava ao palco em uma nave cenográfica, promovia brincadeiras e estrelava números musicais em meio a uma grande plateia de fãs. Depois, vieram *Xuxa*, *Xuxa Park*, *Xuxa hits*, *Planeta Xuxa*, *Conexão Xuxa* e outros.

A apresentadora não falava só com os menores de 18 anos. Primeiro porque sua presença atravessou gerações e seus admiradores amadureceram sem deixar de gostar dela. E também por apostar no público adulto em alguns quadros, como os de entrevistas com famosos. Em 2015, com o fim do contrato com a Globo, passou a apresentar uma atração semanal na Record com seu nome.

Regina Casé, uma das titulares do *TV Pirata*, em cena em 1988.

TV Pirata
A televisão ri de si mesma

O humor nunca mais foi o mesmo depois de *TV Pirata*. Seu time de redatores – os dramaturgos Mauro Rasi, Felipe Pinheiro, Vicente Pereira e Pedro Cardoso, expoentes do chamado teatro besteirol; o escritor Luis Fernando Verissimo; Patricya Travassos, ex-integrante do Asdrúbal Trouxe o Trombone; além dos humoristas Hubert, Reinaldo, Bussunda, Cláudio Manoel, Hélio de La Peña, Beto Silva e Marcelo Madureira, do jornal *Planeta Diário* e da revista *Casseta Popular* – trabalhava sob a supervisão de Cláudio Paiva. Era uma turma egressa do teatro e da imprensa alternativa. Com *TV Pirata*, a Globo rompia definitivamente o cordão umbilical dos formatos tributários da era do rádio e abria caminhos de criação inexplorados que nortearam muitos programas futuros. Quase todo escrito e interpretado por gente que já crescera ligada na TV, bebia na sua fonte e fazia da televisão o próprio alvo da graça e o trampolim para comentar, com irreverência, o noticiário da vida real. Algo que *TV0 – TV1*, com os impagáveis Paulo Silvino e Agildo Ribeiro, já fizera em 1967 – foi o primeiro programa da Globo a brincar com outras atrações da TV –, seguido por *Satyricon* e *Planeta dos homens*. Com *TV Pirata*, porém, essa crítica ganhava mais acidez e ousadia.

O programa, que estreou em abril de 1988, tinha inspiração no humor mais sofisticado como o do grupo britânico Monty Python. E a escalação de seus talentos também trazia frescor: a maioria dos atores não era ainda

Regina Casé, Luiz Fernando Guimarães, Diogo Vilela, Ney Latorraca e Louise Cardoso, do teatro para a TV.

claramente identificada com a comédia (Marco Nanini, Ney Latorraca, Guilherme Karam, Luiz Fernando Guimarães, Claudia Raia, Cristina Pereira, Diogo Vilela, Regina Casé, Louise Cardoso e Débora Bloch estavam lá no início). Tudo isso contribuiu para o ar de novidade e de experimentação, e para o clima alegre que invadia os quadros.

Fazendo graça de tudo e de todos, em esquetes que talvez hoje não pudessem ser levados ao ar dado o grau de incorreção política, TV Pirata, dirigido por José Lavigne, Carlos Magalhães e Guel Arraes, fez história com sátiras de novelas, telejornais, programas variados e anúncios publicitários. E, claro, a Globo era o principal alvo. Permanecem ainda na memória dos telespectadores figuras como o velho Barbosa, personagem de Ney Latorraca na novela "Fogo no rabo" (paródia de Roda de fogo, então no ar na Globo), cujo bordão "Barboooosa" o público adorava imitar; o inesquecível Zeca Bordoada, apresentador ogro vivido por Guilherme Karam no quadro "TV Macho"; ou o Casal Telejornal, uma brincadeira com o casal 20 do horário nobre do jornalismo da Globo na época, Leila Cordeiro e Eliakim Araújo. Os esquetes se multiplicavam cutucando o Globo rural ("Campo rural"), o Balança mas não cai ("Balança mas não sobe") e muitos outros. E ainda havia "seriados" próprios como "As presidiárias", com personagens impagáveis como Tonhão, a prisioneira lésbica interpretada por Claudia Raia, que aparecia bem distante da imagem de sex symbol.

A semente de TV Pirata foi o Wandergleyson show, escrito pelos integrantes do Planeta Diário e da Casseta Popular como especial de fim de ano para a TV Bandeirantes, em dezembro de 1987. Protagonizado por Pedro Cardoso e Luiz Fernando Guimarães, o programa também era formado por esquetes que espelhavam o humor totalmente desprovido de amarras da turma, já mostrado nas publicações. O especial foi a porta de entrada do grupo na Globo, como lembrou Marcelo Madureira em depoimento ao projeto Memória Globo: "Nunca me esqueço: Boni botou a fita [de Wandergleyson] na máquina, começou a ver o programa e nos contratou na hora."

O grupo ganhou em 1992 o próprio programa, o Casseta & Planeta, urgente!, responsável por levar adiante a proposta do irmão revolucionário, que saiu definitivamente do ar – depois de mudanças de formato, elenco e periodicidade – em dezembro do mesmo ano.

Vale tudo

A consagração do "Quem matou?"

Poucas canções resumiram tão bem a novela que apresentavam como fez "Brasil" (de Nilo Romero, George Israel e Cazuza, interpretada por Gal Costa) na abertura de *Vale tudo*. Os versos "Brasil! / Mostra tua cara / Quero ver quem paga / Pra gente ficar assim / Brasil! / Qual é o teu negócio? / O nome do teu sócio? / Confia em mim" e a famosa banana que o empresário Marco Aurélio (Reginaldo Faria) dava para o país, ao fugir de avião no último capítulo, resumiam com perfeição o espírito da história de Gilberto Braga, Aguinaldo Silva e Leonor Bassères, dirigida por Dennis Carvalho e exibida entre maio de 1988 e janeiro de 1989 na TV Globo. A trama levou a uma nação praticamente recém-saída da ditadura, com muitos gritos, apelos e esperanças ainda sufocados na garganta, temas incômodos como corrupção, cinismo e falta de ética. Personagens inesquecíveis, como a milionária inescrupulosa Odete Roitman (Beatriz Segall), que logo se transformou em sinônimo de vilania; a ambiciosa e mau-caráter Maria de Fátima (Gloria Pires); a íntegra e corajosa Raquel (Regina Duarte); a frágil alcoólatra Heleninha (Renata Sorrah), além do corrupto Marco Aurélio, mostraram ao público facetas demasiadamente humanas, nem sempre bonitas de se ver, que indignaram e emocionaram na mesma medida.

Embora sintetizada pelo gesto de desdém de Marco Aurélio, *Vale tudo* será sempre lembrada por um dos crimes de maior repercussão na história das telenovelas: "Quem matou Odete Roitman?" O enigma sobre o

Raquel, a mãe trabalhadora, e a filha malvada, Maria de Fátima.

A inesquecível vilã Odete Roitman, personagem que marcou a carreira de Beatriz Segall para sempre.

assassinato da vilã foi mantido até o final pelos autores, que escreveram nada menos que cinco versões distintas para o último capítulo, deixando inclusive o elenco às cegas até o momento da gravação das cenas.

O curioso é que o mistério foi alimentado apenas por 11 capítulos, mas o suspense em torno da identidade do assassino – no caso, a assassina, Leila (Cássia Kis), mulher de Marco Aurélio, que confundiu Odete com Maria de Fátima, verdadeiro objeto de sua ira – mexeu tanto com o país que o crime se tornou praticamente o único assunto em qualquer roda de conversa na época.

Vale tudo trazia ainda no elenco, entre outros, Nathalia Timberg, Pedro Paulo Rangel, Antonio Fagundes, Cássio Gabus Mendes e Lídia Brondi (como a jornalista Solange, cujo corte de cabelo, com franja espessa e tom avermelhado, era desejado por nove entre dez mulheres). Com uma vilã poderosa e temas tão contemporâneos, a novela fez enorme sucesso também no exterior, sendo exibida em mais de 30 países.

Heleninha, a alcoólatra dominada pela mãe que Renata Sorrah interpretou com muito brilho.

TV por assinatura
A multiplicação de canais

Havia poucas emissoras e todas elas abertas até a TV por assinatura desembarcar no Brasil, ainda timidamente, no fim dos anos 1980. Em fevereiro de 1988, o Serviço Especial de Televisão Por Assinatura (TVA) foi aprovado por decreto presidencial. Depois que ela se estabeleceu aqui, o horizonte do telespectador se abriu em mil novas janelas. Nesses primórdios e até o fim dos anos 1990, seus canais trilhavam o caminho inverso das emissoras abertas, que apontavam seu canhão generalista para as massas. A TV paga, ao contrário, apostava nos nichos. Assim, acertou o coração de seu público ao falar francês com os francófonos, oferecer noticiário da Deutsche Welle para os alemães e tratar de natureza para os amantes do tema ou de viagens para os aventureiros, e assim por diante.

A TV paga já existia com força havia décadas nos Estados Unidos e, na Argentina, estava estabelecida desde a década de 1960. Aqui, o pioneiro da operação foi Mathias Machline, que lançou o Canal + em 29 de março de 1989. O sinal era distribuído por micro-ondas (MDS) e só para a cidade de São Paulo. Naquele início, a programação ainda era incipiente e consistia na reprodução da grade de um canal esportivo americano por 16 horas diárias. Aos poucos, a operação foi ganhando corpo, com acordos com a CNN e a ESPN, com canais de filmes e com a italiana RAI. Em 1991, foi adquirida pelo Grupo Abril, que lançou, em caráter experimental, no dia 9 de junho, a sua operadora, a TVA. Ela também funcionava via MDS. Mais tarde, outras formas de distribuição foram

Fernanda Young, Rita Lee, Hebe Camargo, Marisa Orth e Monica Waldvogel, primeira formação do *Saia justa*, do GNT, em 2003.

Caio Blinder, Lucas Mendes e Pedro Andrade na bancada do *Manhattan connection*.

aparecendo. A TV a cabo nas grandes cidades surgiu em 1993, no Rio, no condomínio Selva de Pedra, no Leblon. Depois, no mesmo ano, ganhou São Paulo.

Ainda hoje as pessoas confundem os serviços. Operadoras são as empresas que distribuem canais e vendem os pacotes para o assinante. Essa distribuição pode chegar às casas por meio de diversas tecnologias. Programadoras são, como a Globosat, produtoras de conteúdo. E, finalmente, TV a cabo não é sinônimo de TV por assinatura.

Voltando à Globosat, ela foi a segunda grande operação nacional, iniciativa do Grupo Globo lançada em 26 de outubro de 1991. No início eram só quatro canais, os primeiros de TV paga criados no país: Top Sport (atual SporTV), Telecine, Multishow e GNT. Esse número depois se ampliou e a programadora cresceu muito.

Passados os anos, ninguém mais pensa em televisão brasileira considerando apenas as emissoras abertas. A tecnologia avançou e, nos anos 2000, embalada pelo momento de bonança econômica, a classe C aderiu ao serviço. Com a chegada de milhares de novos assinantes, os canais passaram a buscar a massa e o conteúdo se popularizou. Algo, no entanto, nunca mudou: a preferência pelos canais de filmes e esportivos.

MTV
A festa da música e da informalidade

Quando chegou ao Brasil, em outubro de 1990, a MTV era uma parceria do Grupo Abril com a Viacom, gigante de mídia americana. Já estava bem estabelecida por lá desde 1981 e fazia uma ponte entre o público que gostava de música e uma então pujante indústria fonográfica. Era uma combinação de charme, juventude, linguagem nova e colorida, informalidade e, claro, dinheiro. Parecia artesanato, mas era profissional. Não se tratava de uma emissora aberta, nem de TV paga, algo que ainda iria chegar, aliás. Era UHF. Em 1993, passou a ser exclusivamente da Abril e foi assim até 2013.

O DNA do canal é musical e isso está inclusive no M do seu nome. O público assistia para ver os clipes de suas bandas favoritas. Vale lembrar que o rock brasileiro estava explodindo. Todos os artistas nacionais importantes passaram por sua tela. Alguns deles mereceram programas inteiros, como os *Acústico*, que foram além de apresentar sucessos instantâneos e tiveram caráter de documento.

Muita gente boa começou ali. Entre os VJs, como foram batizados os apresentadores, estiveram Astrid Fontenelle, Zeca Camargo, Thunderbird, Marina Person, Maria Paula,

Os VJs pioneiros: Zeca Camargo, Maria Paula, Daniel Benevides, Rita, Astrid Fontenelle, Gastão, Luis Thunderbird e Cuca, em 1992.

Em 2000, um registro do clipe comemorativo de dez anos do canal.

Cuca, Soninha Francine, Fernanda Lima e Sabrina Parlatore, só para citar alguns. Tratava-se de um ambiente em que o improviso era mais do que permitido, era um valor. Palavrões ecoavam sem censura e colaboravam para compor a aura de juventude que dominava o canal e atraía o seu público-alvo. O primeiro formato ao vivo foi o "Teleguiado". Depois, veio o "Barraco". O calor do "feito sem ensaio", em vez de atrapalhar, funcionava como um capital a mais. Atrações gravadas também deixaram sua marca. O "Cozinha", com Astrid, o "Beija sapo", com Daniella Cicarelli, e o "Fica comigo", com Fernanda Lima, são lembrados ainda hoje.

Até os intervalos comerciais, com suas vinhetas coloridas e criativas, eram atraentes. A MTV tinha carisma, charme, veneno, sintonia com seu tempo. Saiu deixando saudade, mas já com a indústria do disco em crise, e com a internet ocupando com força um lugar que um dia tinha sido exclusivamente seu.

Cristiana Oliveira se lançou como atriz quando foi convidada a interpretar a Juma Marruá de *Pantanal*, na Manchete, em 1990.

Pantanal
A trama que derrotou a Globo

A câmera que se demorava nos intermináveis banhos de rio de Juma Marruá seminua em *Pantanal* fez com que o público se transferisse em peso, em 1990, para a TV Manchete. Esse sucesso estrondoso levou a emissora a liderar a audiência e vencer a TV Globo com folga. Nem as estratégias da concorrente, de esticar *Rainha da sucata* e de estrear de emergência *Araponga*, deram certo. A novela, escrita por Benedito Ruy Barbosa e dirigida por Jayme Monjardim, conquistou os telespectadores definitivamente. A personagem de Cristiana Oliveira, selvagem, "metade mulher, metade onça", era uma das principais razões para isso. Foi o primeiro papel da atriz na TV. Cláudio Marzo era o Velho do Rio, que começava pobre desbravador e se tornava um poderoso empresário. Curandeiro e misterioso, ao lado da mulher-onça ele ajudava a compor uma galeria de tipos mitológicos.

A trama foi a primeira ambientada no Pantanal, o que contribuiu muito para essa feliz confluência de escolhas artísticas. Palavras como tuiuiú e marruá, espécies da fauna local até então pouco conhecidas na maioria das regiões brasileiras, foram imediatamente incorporadas ao vocabulário do público maravilhado com as belezas daquele cenário. Havia muitas referências ao folclore. Os músicos Sérgio Reis e Almir Sater participaram do elenco, assim como Cássia Kis, Marcos Winter, Marcos Palmeira, Jussara Freire, José Dumont, Tânia Alves, Antônio Petrin e Paulo Gorgulho. *Pantanal* é um exemplo daquelas produções com bons ingredientes, mas cujo

Almir Sater, o Trindade, e Marcos Winter, o Jove.

Marcos Palmeira, Tadeu, e Giovanna Gold, Zefa.

imenso êxito também é consequência de um charme subjetivo, produzido pela soma deles.

É possível dizer sem medo de errar que foi com esse trabalho que Monjardim começou a chamar atenção como diretor de novelas. O passeio da câmera pela paisagem, sem pressa, que caracterizava aquela produção, se repetiu muitas vezes na trajetória dele. Benedito, mestre das histórias rurais, interessado pelo Brasil profundo e pelo homem simples, e conhecedor do vocabulário cultural interiorano, atingiu o coração do público com essa novela. E acertou a Globo também: foi depois de *Pantanal* que ele, um autor que escrevia para as 18h, finalmente ingressou no time das 21h com *Renascer*. Quem assistiu às duas sabe que existe um forte parentesco entre elas.

Cláudio Marzo, o Velho do Rio.

Novelas infantis do SBT
Chiquititas eternas

As novelas dedicadas ao público infantil começaram a fazer parte da grade do SBT no início dos anos 1980 com *Chispita*, produção mexicana exibida pela emissora paulista em 1984. De lá para cá, o cardápio oferecido às crianças foi engordado com muitas outras produções vindas do México, como *Carrossel* (1991), *Vovô e eu* (1992), *O diário de Daniela* (2000), *Gotinha de amor* (2001), *Carinha de anjo* (2001) e *Amy, a menina da mochila azul* (2004). Todas, em maior ou menor grau, e com produções ora mais, ora menos toscas, conquistaram a simpatia dos pequenos telespectadores. As histórias tinham a mesma mistura capaz de atrair também adultos: muitas lágrimas e alguns sorrisos entremeados de várias "mensagens" edificantes. Em 1997, o SBT mostrou que havia aprendido com o modelo mexicano e investiu na própria novelinha, *Chiquititas*, um de seus grandes êxitos até hoje, produzida em parceria com o canal argentino Telefe e escrita pela argentina Cris Morena, uma fazedora de sucessos, com a colaboração de autores brasileiros.

A trama de *Chiquititas* (em vários pontos diferente da versão argentina, que já estava na terceira temporada quando o SBT entrou na coprodução) se passava no Orfanato Raio de Luz, criado por um homem extremamente conservador que decidiu enganar a própria filha, tirando dela o bebê nascido de um romance com um de seus empregados. Ele diz que a neta morreu e constrói o

Carrossel, a versão de 1991.

A primeira geração de *Chiquititas*, em 1998. A novela era uma coprodução do SBT com a argentina Telefe, gravada em Buenos Aires com elenco brasileiro.

orfanato para abrigar a criança. A menina é Mili, personagem de Fernanda Souza, que cresce cercada por outros órfãos. Apesar de tudo, principalmente da rabugice e das maldades que Carmen Almeida Campos (Débora Olivieri), diretora e uma das donas do orfanato, apronta, o grupo segue unido, feliz, cada um com seus sonhos. Eles ainda contam com o carinho de Carolina (vivida por Flávia Monteiro), que trabalha em uma das fábricas da família de Carmen e, na segunda temporada, vira diretora do lugar, facilitando a vida dos órfãos.

Um dos motivos do êxito da novelinha eram os clipes musicais com o elenco, exibidos durante ou no final do capítulo. Muitas meninas adoravam imitar a coreografia. Era a hora de soltar a imaginação, em cenários e figurinos coloridos. Os CDs lançados também foram um sucesso de vendas. E não apenas eles: o título batizou cadernos, lápis, linhas de brinquedos, entre muitos produtos, provando a competência do SBT no ramo do franqueamento de marcas. Outro fator que chama atenção em *Chiquititas*, que terminou em 2001, com o fim do contrato com a Telefe e o Ibope já não tão bom quanto na primeira temporada (as médias chegaram a ficar acima dos 18 pontos), é a composição do elenco. A novelinha marcou não apenas a estreia de Fernanda Souza como também lançou outros nomes que se tornariam conhecidos depois. Passaram por lá Débora Falabella (Estrela), Carla Diaz (Maria), Sthefany Brito (Hannelore), Jonatas Faro (Samuca), Bruno Gagliasso (Rodrigo) e Kayky Brito (Fabrício), os dois últimos na derradeira temporada. Em 2012, o SBT comprou os direitos de *Chiquititas* e exibiu, entre 2013 e 2014, um remake escrito por Íris Abravanel.

Por falar em remake de sucessos, o SBT contabiliza outro na área da teledramaturgia infantil. Depois de levar ao ar em 1991 a mexicana *Carrossel*, a emissora produziu e exibiu, entre 2012 e 2013, sua versão da história de Helena, professora de uma escola primária que ajuda seus 16 alunos a enfrentar os percalços cotidianos. Também assinada por Íris Abravanel, *Carrossel* teve a atriz Rosanne Mulholland no papel principal. As reprises de *Chiquititas* e *Carrossel* ainda fazem sucesso na grade da emissora.

Você decide
O precursor da interatividade

A internet já existia, mas não no Brasil, quando do *Você decide* estreou na Globo, em 1992. Apresentado ao vivo por Antonio Fagundes, o programa acionava pela primeira vez com força na televisão brasileira a chave da interatividade. A cada semana, uma dramaturgia era encenada. Dois desfechos, com conclusões éticas e morais diversas, eram propostos ao público. Ia ao ar aquele que tivesse angariado mais votos pelas linhas telefônicas abertas pela emissora para esse fim. Depois de Fagundes, vieram Walmor Chagas, Tony Ramos, Lima Duarte, Raul Cortez, Renata Ceribelli, Carolina Ferraz, Celso Freitas e Luciano Szafir. Foram oito anos no ar e fôlego para o formato ser adaptado para muitos outros países, vendido pela Globo.

Muitos dos impasses expostos ali seguem atuais. Se você achasse uma mala de dinheiro, devolveria? Se ocupasse um cargo na polícia, prenderia o próprio filho ao descobrir que ele agiu fora dos limites da lei? Salvo uma ou outra exceção, a atração teve dramas de dimensão atemporal e universal. Incesto, aborto, eutanásia, corrupção e assédio sexual estiveram entre seus temas. Do ponto de vista da encenação, era uma dramaturgia clássica. O que fez desse programa um marco na televisão foi a sua dinâmica. *Você decide* foi o primeiro a dialogar com o público de forma ampla, algo que, nos anos seguintes, ganhou uma força impressionante. Era a televisão participativa, de porta aberta, acenando para as plateias. Uma novidade e tanto, uma ruptura numa ordem vertical jamais alterada.

Além do voto pelo telefone e da temperatura de uma produção parcialmente ao vivo, a Globo instalava telões em praças pelo Brasil, com um ator ou repórter que entrevistava os anônimos que quisessem opinar. Houve variações ao longo dos anos: a capacidade de receber chamadas se ampliou e o leque de desfechos possíveis se abriu de dois para três, para depois voltar a ser como antes. Mas a estrutura se manteve. Seu legado é facilmente reconhecível em programas que vieram mais tarde, como o *Big Brother Brasil*, movido em grande parte pela opinião do público. Na voz das redes sociais, hoje uma influência grande nos rumos de uma dramaturgia, também se ouve o eco daquela atração pioneira que empolgou até o fim.

Acima, Raul Cortez no cenário do *Você decide*, em 1992; ao lado, Anna Cotrim e Marcos Frota no episódio "As flores do mal", em novembro de 1994.

Casseta & Planeta, urgente!
Humorismo verdade, jornalismo mentira

Foram 18 anos exercendo intensa e despudoradamente o lema "Humorismo-verdade, jornalismo-mentira", doesse a quem doesse. Entre 1992 e 2010, políticos, figuras do esporte, atores, jornalistas e até o cidadão comum, flagrado nas ruas em esquetes e enquetes de uma irreverência ácida, não escaparam da verve do *Casseta & Planeta, urgente!*, criado e estrelado por Hubert, Cláudio Manoel, Bussunda, Hélio de La Peña, Marcelo Madureira, Reinaldo e Beto Silva, sob a direção-geral de José Lavigne. Juntos desde os tempos em que estavam à frente do jornal *Planeta Diário* e da revista *Casseta Popular*, os sete já haviam exercitado com sucesso os caminhos do humor na TV, na redação de quadros para o *Fantástico* e para o inovador *TV Pirata*, e nos textos do programa *Dóris para maiores*, exibido mensalmente entre abril e dezembro de 1991, ancorado pela atriz e jornalista Dóris Giesse.

Depois dessa experiência, o grupo decidiu passar para a frente das câmeras, investindo também na atuação sem atuação, já que ninguém tinha formação como ator. E a interpretação capenga e exagerada foi conquistando o telespectador com uma galeria de tipos e bordões que enriqueceram o humor na TV brasileira. São personagens como Carlos Maçaranduba ("Vou dar porrada!"), Seu Creysson (famoso pelo português claudicante), ambos interpretados por Cláudio Manoel; Gavião Bueno ("Rrrrrronaldo!!! Rrrrrivaldo!!! Rrrrobinho!"), vivido por Hubert; o professor de dança Coisinha de Jesus (Marcelo Madureira); ou Marrentinho Carioca ("Aí, fala sério!" era a frase-padrão do jogador do Tabajara Futebol Clube, o pior time do mundo), um dos muitos e inesquecíveis papéis de Bussunda. O humorista, a cara mais conhecida do grupo, morreu subitamente de infarto em junho de 2006 durante a Copa da Alemanha. De 1994 em diante, os Cassetas participaram de todas as Copas, indo às ruas para entrevistar moradores e turistas, parodiando técnicos, jogadores (Bussunda era Ronaldo e Hélio de La Peña se transformava em Ronaldinho Gaúcho) e a própria cobertura da Globo.

Paródias, aliás, eram as grandes estrelas do programa, que começou mensal e se tornou semanal em 1998. As novelas da Globo eram as inspirações preferidas. O público divertia-se com as versões debochadas de *O clone* ("O silicone"), *Laços de família* ("Esculachos de família"), *Belíssima* ("Baleíssima") e *Caminho das Índias* ("Com a minha nas Índias"), entre outras. Mas sobrava também para o jornalismo: Gloria Maria (Chicória Maria), Fátima Bernardes (Ótima Bernardes) e Pedro Bial (Pedro Miau), além de Galvão Bueno, eram alguns dos alvos favoritos da turma.

No meio dos humoristas também se destacava a atriz e apresentadora Maria Paula, considerada uma espécie de "oitava Casseta", que permaneceu 17 anos com o grupo, até o final do *Casseta & Planeta, urgente!*. Ela chegou em 1994, substituindo a jornalista

Hubert, Reinaldo, Hélio de La Peña, Cláudio Manoel, Marcelo Madureira, Beto Silva e Bussunda em 1996. Eles começaram como redatores e se tornaram também atores.

Kátia Maranhão, primeira apresentadora do programa. Maria Paula, porém, foi além e mergulhou de cabeça na composição de múltiplos tipos, entre eles uma hilariante versão da atriz Deborah Secco.

O último episódio foi exibido em dezembro de 2010, com a participação especial de Agildo Ribeiro como Deixadylson, pai do jogador de futebol Kiekeylson, vivido por Cláudio Manoel. Em março de 2012, o grupo, que já havia estreado no cinema com *A Taça do Mundo é nossa* (2003) e *Seus problemas acabaram* (2006), e lançado diversos livros em torno do programa, voltou ao ar com *Casseta & Planeta vai fundo*. A nova produção incorporou ao elenco Gustavo Mendes, Maria Melilo e Miá Mello, e durou até dezembro do mesmo ano.

Castelo Rá-Tim-Bum
Infantil de qualidade

Produção caprichadíssima que envolveu 250 profissionais (de atores a técnicos), 800 figurinos, cenários bem bolados e uma narrativa divertida, o *Castelo Rá-Tim-Bum* estreou na TV Cultura em maio de 1994 e se tornou logo um dos infantis mais celebrados da TV brasileira. Os primeiros dos 90 episódios (além desses, houve mais um especial) já mostraram seu potencial: em uma semana alcançaram 10 pontos no Ibope e mais adiante chegariam a 13. Era uma audiência superior à obtida por qualquer outro programa da emissora pública.

Criado pelo dramaturgo Flávio de Souza em parceria com o cineasta e roteirista Cao Hamburger, o *Castelo* foi uma espécie de filhote de *Rá-tim-bum*, outro infantil inovador de Flávio produzido e exibido entre fevereiro de 1990 e março de 1994 pela mesma Cultura. Como seu antecessor, tinha a proposta de educar sem subestimar a inteligência do público. A mistura de fantasia com elementos presentes no cotidiano das crianças deu muito, muito certo.

A história girava em torno de Nino, um garoto de 300 anos vivido pelo ator Cássio Scapin. Embora adulto, Cássio convencia muito bem com sua interpretação divertida, marcada por trejeitos e expressões infantis. Nino morava no Castelo com seu tio, o feiticeiro e cientista meio maluco Dr. Victor (vivido por Sérgio Mamberti), e sua tia-avó, Morgana (Rosi Campos), feiticeira de 6 mil anos, poderosa, mas nada má. Porém ele se

Pedro (Luciano Amaral), Nino (Cássio Scapin) com Zeca (Freddy Allan) no ombro e Biba (Cinthya Rachel), sucesso da TV Cultura.

sentia muito solitário. Logo no primeiro episódio, deu um jeito de atrair para o Castelo, com um tiquinho de feitiçaria, três crianças para brincar com ele. Com Pedro (Luciano Amaral), Biba (Cinthya Rachel) e Zeca (Freddy Allan), seus novos e inseparáveis amigos, se aventurou pelos recantos do Castelo. E interagiu com curiosas criaturas, como Celeste, uma cobra cor-de-rosa que morava numa árvore; Mau, um monstro roxo que vivia nos encanamentos, mas que de mau não tinha nada; Godofredo, outro monstrinho do subterrâneo; Gato Pintado, guardião da biblioteca; e Fura-Bolos, que ajudou a reforçar a importância de bons hábitos, como lavar as mãos – todos eles bonecos manipulados por Álvaro Petersen Jr., Fernando Gomes e Cláudio Chakmati, entre outros.

O personagem Ratinho, animação em massinha do premiado diretor Marcos Magalhães (de "Meow"), não interagia diretamente com as crianças, mas era o responsável por números divertidos nos quais aparecia tomando banho, escovando os dentes e jogando o lixo no lugar certo. E ainda havia o Telekid, vivido por Marcelo Tas (que também participou de *Rá-tim-bum*), à frente do quadro "Por quê?". Ele sempre surgia nos momentos em que o menino Zeca disparava uma série de irritantes "Por quê, por quê, por quê?" quando não entendia algo. Os amigos, cansados, respondiam "Porque sim" e, então, lá vinha o Telekid explicar tudo direitinho, dizendo que "porque sim não é resposta".

O programa ganhou uma trilha sonora com composições originais assinadas por André Abujamra, Fernando Salém, Hélio Ziskind e Arnaldo Antunes, entre outros. Além do CD, gerou muitos livros e diversos produtos que ajudaram a amortizar o alto gasto da produção (cada capítulo custou, na época, em 1992, o equivalente a 30 mil dólares). Na TV, a série terminou em dezembro de 1997. Mas seu enorme sucesso levou o diretor Cao Hamburger a lançar, em 1999, *Castelo Rá-Tim-Bum, o filme*. Era uma história inspirada no programa, com outros personagens e atores, mas que fez igualmente a alegria do público.

Acima, o primeiro elenco do apartamento do Arouche: Luis Gustavo, Marisa Orth, Aracy Balabanian, Claudia Jimenez, Miguel Falabella e Tom Cavalcante. Ao lado, Aracy com Cláudia Rodrigues, a empregada Sirene.

Sai de baixo
Chanchada, improviso e o calor da plateia

O que distinguia o *Sai de baixo* de todos os demais humorísticos da TV brasileira em 1996, quando ele estreou, era a sua temperatura. Gravado no Teatro Procópio Ferreira, em São Paulo, o programa tinha nos ecos da plateia quase um personagem. Era gravado, mas como se fosse ao vivo, um elogio ao improviso. E abraçava os erros com gosto, capitalizando-os, incorporando-os ao resultado final exibido todos os domingos na Globo até 2002. Miguel Falabella, Aracy Balabanian, Marisa Orth, Luis Gustavo, Claudia Jimenez e Tom Cavalcante formaram o elenco original. Depois que Claudia e Tom saíram, Ilana Kaplan, Márcia Cabrita e Cláudia Rodrigues encarnaram o papel da empregada Edileusa. Ary Fontoura e Luiz Carlos Tourinho interpretaram o porteiro Ribamar.

A ação se desenrolava na sala do apartamento de uma família decadente, no largo do Arouche. O cenário, bem simples, mudou muito pouco ao longo dos anos. Não era isso que importava. Valia sobretudo o talento dos atores e o humor simples, direto, popular. Para Miguel Falabella, que, além de interpretar Caco Antibes, foi redator de muitos episódios, o *Sai de baixo* significou um reencontro da plateia brasileira com a burleta, a chanchada. As pessoas riam vendo atores consagrados brincando e também se divertindo. Caco, um sujeito de honestidade duvidosa, tinha um bordão: "Odeio pobre!" Magda, seu par, era tão obtusa quanto sexy. Sua inteligência limitada motivava tropeços de linguagem e trocadilhos infames, já que ela não tinha sequer vocabulário. Por isso, ouvia sempre do marido um estrondoso "Cala a boca, Magda!". Aracy era Cassandra, mãe de Magda, e Luis Gustavo vivia seu irmão, Vavá, dono do apartamento.

Apesar de lembrado como um imenso sucesso, *Sai de baixo* não emplacou de cara. Houve uma crise já de saída, durante a gravação do terceiro episódio. O elenco não gostou do texto. Diante das queixas e do desânimo, Daniel Filho – autor da ideia do humorístico, junto com Luis Gustavo – virou-se para os atores e deu uma ordem: "Alto, alegre e bem dito!" Foi uma espécie de conceituação e o que estava faltando para que tudo entrasse nos eixos e o programa decolasse.

Muitos redatores passaram por lá: Miguel Falabella, Maria Carmem Barbosa, Cláudio Paiva, Noemi Marinho, Flávio de Souza, José Antonio de Souza, Nani, Gilmar Rodrigues, Duba Elia, Bruno Sampaio, Juca Filho, Elisa Palatnik, Aloísio de Abreu, Lícia Manzo, Laerte e outros. Daniel Filho, Dennis Carvalho, Cininha de Paula, Jorge Fernando e José Wilker dirigiram.

O *Sai de baixo* não se esgotou e manteve a boa audiência sempre. Foi encerrado a pedido do elenco, que desejava partir para outros projetos. É um programa lembrado e muito querido. Prova disso foi a vibração no teatro quando, em 2013, o canal Viva fez uma edição especial, com o elenco original, texto de Artur Xexéo e direção de Dennis Carvalho.

João Emanuel Carneiro
O Capitão Gancho

Grande nome da nova geração de autores de novelas brasileiras, João Emanuel Carneiro veio do cinema. Entre os muitos roteiros que assinou está o de *Central do Brasil*, em parceria com Marcos Bernstein. Com essas credenciais, começou a colaborar com a teledramaturgia em 2000, na equipe de Maria Adelaide Amaral, autora da minissérie *A muralha*, na TV Globo. Logo depois, fez adaptações da literatura para a série *Brava gente*, mas seguiu seu trabalho no cinema. Até que em 2003 deixou uma sinopse na Globo, nas mãos de Silvio de Abreu. Quarenta e oito horas mais tarde, foi chamado para desenvolver sua história.

Assim, em 2004, ele pulava para o lugar de autor titular com *Da cor do pecado*, produção das 19h com Taís Araújo, Reynaldo Gianecchini, Lima Duarte, Giovanna Antonelli e Aracy Balabanian e direção de Denise Saraceni. Era uma comédia romântica ambientada numa cidade litorânea. Seus núcleos principais atraíram uma audiência imensa: o triângulo amoroso formado por Taís, Gianecchini e Giovanna; a relação de amor que vai sendo construída entre o menino Raí (Sérgio Malheiros) e o avô, Afonso Lambertini (Lima); e a casa da família Sardinha, com uma mãe superprotetora (Rosi Campos). O elenco, compacto, tinha pouco mais de 30 atores, uma conta bem distante do padrão dos 80 praticados na época. Esse modelo enxuto é uma marca que se repete na obra de João. A novela rendeu a ele o prêmio APCA (Associação Paulista de Críticos de Arte) de autor revelação.

Dois anos mais tarde, ele criou outro grande êxito para a faixa, *Cobras & lagartos*, dirigida por Wolf Maya. Personagens muito bem construídos, como a Milu de Marília Pêra, a vilã Leona de Carolina Dieckmann ou o malandro Foguinho de Lázaro Ramos, deixaram uma assinatura e abriram para João a porta do então fechadíssimo time de autores das 21h. E veio *A favorita*, um enredo como o Brasil nunca tinha visto. Patrícia Pillar e Claudia Raia eram as protagonistas num jogo de ambiguidade que foi até a metade da novela, quando o público finalmente soube que Flora (Patrícia) era má, e Donatela (Claudia), uma de suas vítimas. Nessa época, o autor recebeu nos bastidores o apelido de Capitão Gancho, tais as viradas ao fim de cada capítulo. Foi o enterro das histórias arrastadas. Com sua formação no cinema, João implementou a narrativa serializada, em que cada exibição encerra uma história.

Depois, vieram a consagradora *Avenida Brasil*, em 2012, e *A regra do jogo*, uma novela policial, com Alexandre Nero no papel principal. Dirigida por Amora Mautner, a trama contou com Tony Ramos, José de Abreu, Vanessa Giácomo, Cauã Reymond, Cássia Kis e grande elenco.

O autor subverteu o clássico estereótipo da mocinha pobre e da vilã rica. E foi pioneiro na composição de elencos mais enxutos e tramas mais concentradas, algo que hoje se pratica bastante.

João Emanuel em 2013, quando fazia o megassucesso *Avenida Brasil*.

Os normais
Humor adulto em horário nobre

O público brasileiro, acostumado ao humor escrachado e às piadas com a dose mínima de didatismo para serem compreendidas pelas massas, foi seduzido pela série *Os normais* no primeiro minuto. Estrelada por Fernanda Torres (Vani) e Luiz Fernando Guimarães (Rui), a atração semanal estreou em 2001, foi ao ar até 2003 e popularizou aqui o termo *sitcom*. Eles formavam um casal de noivos eternos. A cada episódio, atravessavam pequenos conflitos cotidianos. O texto de Fernanda Young e Alexandre Machado, afiado, representava uma das chaves do sucesso. As outras, claro, eram o elenco de primeira e a direção competente de José Alvarenga Júnior. Até as participações especiais chegavam passadas pelas mais finas peneiras. Cláudia Abreu, Drica Moraes, Rodrigo Santoro, Giulia Gam e Laura Cardoso estão entre os muitos nomes que estiveram ali. No último ano, Graziela Moretto e Selton Mello integraram o elenco fixo como um divertido par.

A dinâmica da dramaturgia era diferente daquela dos humorísticos a que se estava habituado. Em *Os normais*, a graça vinha muitas vezes da interrupção da frase cômica. Ou da impressão de humor involuntário. Vani e Rui tratavam de escatologia, de paranoias, de dramas existenciais, de intimidades sexuais, de fantasias inconfessáveis, enfim, daquilo que geralmente fica restrito à vida privada e fora do alcance da televisão. Em outros

Fernanda Torres (Vani) e Luiz Fernando Guimarães (Rui), reis de um humor novo e ainda lembrado.

A dupla numa cena do seriado em 2002: quase tudo era feito em estúdio.

momentos, a narrativa começava plácida e ia se encaminhando para uma espécie de precipício. Qualquer atividade banal poderia terminar em confusão. Os diálogos, picantes, jamais eram vulgares, sempre transitando perto de um certo desconforto. A linguagem inovava: os atores falavam para a câmera ou evocavam alguma situação do passado, anunciando "um miniflashback". Ao fim dos episódios, a dupla improvisava uma cena.

Tudo isso funcionava graças à combinação do bom texto e do tempo perfeito dos atores, além da fina sintonia entre eles. Os personagens eram "normais" vistos de longe. De perto, pareciam mais normais ainda: cheios de falhas de caráter e fraquezas, como as pessoas comuns. Aliada a tudo isso, a realização era de grande qualidade. Em 2002, a atração passou a ser gravada em HD, o que era novidade. A trilha era inspirada, os figurinos também. Sua abertura, com o bolero "Doida demais", de Lindomar Castilho, foi marcante. *Os normais* tornou-se tão popular que a Som Livre lançou seis DVDs da série, que teve ainda um desdobramento no cinema.

Big Brother Brasil
Um programa que pertence ao público

Quando estreou, em 2002, o *Big Brother Brasil* era bem parecido com o modelo que a Globo comprara da holandesa Endemol. Não havia muito roteiro e o público assistia a edições diárias que podiam variar de 10 a 45 minutos. Às terças-feiras, era a vez do "paredão". Eventualmente, quando entrava no ar, o programa mostrava alguém fritando um ovo ou um ambiente em que nem isso acontecia. Isso durou, contudo, apenas alguns dias. Logo percebeu-se que sem enredo seria impossível segurar o público. E, aos poucos, as edições diárias foram se transformando, mais e mais, numa "novela da vida real", como alguns começaram a chamar o programa. Passada mais de uma década, o *BBB* é ainda um fenômeno. A dose de realidade continua lá, é da natureza do formato. Porém a dramaturgia segue firme. O trabalho de edição, a cargo de uma equipe que trabalha noite e dia sob o comando de Boninho, foi ganhando território e contribuiu muito para a construção da identidade da atração. Sem risco de injustiças, é possível afirmar que a versão brasileira se tornou única e ganhou bastante com a passagem dos anos.

No lançamento, Pedro Bial e Marisa Orth formaram uma dupla de apresentadores, mas, poucas semanas depois, ela deixou o

Grazi Massafera e Jean Wyllis, no *BBB* 5, de 2005. Ao final de 79 dias de confinamento, ele levou o prêmio de 1 milhão de reais com 55% dos votos.

posto. Bial se manteve à frente da atração até 2016, quando a Globo anunciou que ele seria substituído por Tiago Leifert. A cada edição, estabelece-se uma narrativa na casa. Há, como nos melhores clássicos da literatura, os papéis tradicionais: heróis e vilões se apresentam à medida que o confinamento vai ficando mais e mais desconfortável. O papel da equipe da TV é atuar para puxar constantemente o tapete dos participantes. Eles, por sua vez, buscam manter o equilíbrio e agradar ao público. É um jogo de blefe. Ao espectador que vota cabe descobrir quem são realmente aquelas pessoas. Aos poucos, "as máscaras vão caindo" – como se diz ali. É a curiosidade em torno dessa "hora da revelação" que faz a casa ser "a mais vigiada do Brasil". Provas de resistência e de conhecimentos gerais e até uma moeda corrente – a estaleca – estão entre as atrações.

Uma vez por semana, há uma festa. É quando aqueles que disputam o prêmio milionário em dinheiro, turbinados pelo álcool, costumam dançar até cair, brigar ou rolar embaixo do edredom.

De todos os programas brasileiros, esse é o único com existência poderosa em diversas telas. O *Big Brother Brasil* aboliu as fronteiras entre a televisão e a internet de forma pioneira. Promoveu a interseção de todas as mídias de maneira que uma potencializa o alcance da outra. Atinge as multidões na TV aberta, no pay-per-view, no Multishow, no seu site oficial e em milhões de outros que brotam durante os meses de sua exibição, de janeiro a abril. Em outras palavras, nem Alexandre Dumas poderia imaginar um uso tão ideal para a frase que inventou quando escreveu *Os três mosqueteiros*: ali, é uma tela por todas, todas por uma.

Pedro Bial entrevista Iris Stefanelli depois de ela ser eliminada na edição de 2007.

Hoje é dia de Maria

Uma jornada poética

Fábula cheia de elementos do folclore brasileiro que acertou o coração do país em 2005, *Hoje é dia de Maria* foi produzida para comemorar os 40 anos da TV Globo. Baseada na obra de Carlos Alberto Soffredini e escrita e dirigida por Luiz Fernando Carvalho com a colaboração de Luís Alberto Abreu, a série em oito capítulos misturava uma linguagem mais próxima do popular, mas fazia isso abusando das metáforas e dos simbolismos. Era uma sintaxe nunca antes vista na televisão, ao mesmo tempo naïf e sofisticada. Ela maravilhou todas as plateias de cara, com sua originalidade e lirismo. Era a força da emissora aberta e para as massas a serviço de um finíssimo artesanato.

O programa tinha a clara assinatura de Carvalho, que reuniu artistas do teatro de bonecos Giramundo, de Minas Gerais, e o conjunto de folia Flor do Oriente, do Rio, regendo, assim, uma orquestra e tanto. À cenografia e ao figurino foram incorporados elementos de papel e fibra de vidro, além de retalhos de tecido, uma combinação inusitada e cheia de criatividade e harmonia.

O enredo foi estrelado pela menina Maria (Carolina Oliveira). Ela era filha de Pai (Osmar Prado) e Ceição (Juliana Carneiro da Cunha), que morria em decorrência da vida dura do sertão. Ao se decepcionar com a Madrasta (Fernanda Montenegro), nova mulher do seu pai, Maria fugia de casa para seguir seu maior sonho: chegar perto do mar. Pela estrada do País do Sol, um lugar onde nunca anoitecia,

Carolina Oliveira, a Maria, da minissérie de 2005.

cruzou com muitos personagens, entre eles Asmodeu (Stênio Garcia), vilão que roubou sua infância. Ao se transformar em mulher (vivida por Letícia Sabatella), se apaixonou pelo pássaro (Rodrigo Santoro), que a protegeu dali para a frente. Ele a acompanhava até ela ingressar numa companhia de teatro.

Em sua poética jornada, Maria deparava com diversos personagens, como o Maltrapilho e o Homem do Olhar Triste (ambos vividos por Rodolfo Vaz), além dos meninos Carvoeiros. Durante seu périplo, ela também participava de um baile e fazia um longo passeio pelos contos populares brasileiros. Finalmente, descobria que o pássaro que sempre zelou por ela era, na verdade, um homem vítima de uma maldição — ele se tornava ave apenas durante o dia.

A produção fez tanto sucesso que ganhou uma segunda temporada, de cinco capítulos, no mesmo ano. *Hoje é dia de Maria: Segunda jornada* foi apresentada durante a Semana da Criança, em outubro de 2005. Nesse novo enredo, Maria chegava à cidade onde vivia diversas aventuras e testemunhava uma guerra e a destruição, até voltar ao seu lugar de origem.

Carolina Oliveira com Stênio Garcia no cenário da produção comandada por Luiz Fernando Carvalho.

Acima: alegria e improviso marcaram as cenas na mansão da família de Carminha (Adriana Esteves) e Tufão (Murilo Benício) em *Avenida Brasil*, em 2012. Ao lado, Marcello Novaes e Adriana Esteves.

Avenida Brasil
A classe C chega ao paraíso

Lançada em março de 2012, com as emissoras abertas já concorrendo com a TV por assinatura (que vivia um boom), *Avenida Brasil* reacendeu um fenômeno que andava esquecido: o das novelas que "param o país". No último capítulo, em 19 de novembro, as ruas ficaram vazias. A população grudou na TV para saber quem havia matado Max (Marcello Novaes), mas não só isso: era a despedida de alguns dos personagens mais queridos da história recente da teledramaturgia. As razões para isso ter acontecido foram múltiplas. A começar pelo texto de João Emanuel Carneiro, que espelhava o momento econômico que o Brasil atravessava. A estrela da trama era a classe C, o florescente bairro do Divino, na periferia carioca. Tratava-se de um lugar de ficção, mas que existia de verdade no dia a dia da população e ainda não tinha sido retratado na televisão, pelo menos não de forma tão ampla. Em contraste, a Zona Sul carioca, um lugar "de mulheres magras e sem graça", se dobrava inclusive ao sotaque do subúrbio: era tratada pelos protagonistas de lá como "Zona Su".

Avenida Brasil foi a expressão concreta de valores emergentes, o reinado das franjas da cidade, o país se reconhecendo na televisão, acompanhando um enredo sobre a sua autoestima em alta. Os diálogos cheios de humor; os personagens resultantes de finíssima carpintaria de roteiro; a direção de Amora Mautner e José Luiz Villamarim (núcleo de Ricardo Waddington); e um elenco

A órfã Rita/Nina (Débora Falabella), a mocinha que jurou vingança contra a madrasta, a vilã fria e ambiciosa que encantou o país.

de talentos também contribuíram para fazer dessa uma trama inesquecível.

A principal atração era a mansão de Tufão (Murilo Benício) e Carminha (Adriana Esteves). Ele era um jogador de futebol aposentado, bonachão e barrigudo. Ela, uma das mais terríveis vilãs já vistas na teledramaturgia, maltratava criancinhas e enganava o marido bobão dentro de casa com o cunhado, Max. Mas o eixo fundamental da trama não estava apoiado no romance, e sim numa vingança. Nina (Débora Falabella), enteada de Carminha, abandonada por ela num lixão na infância e depois adotada por um argentino rico, voltou para o Brasil para realizar seu plano de vendeta. Empregou-se como doméstica na casa da inimiga, que, claro, depois de tantos anos, não a reconheceu.

Nina conquistou os patrões com seus dotes culinários. A mesa de jantar da mansão, aliás, foi uma das mais deliciosas locações da trama. Em torno dela se reuniam os demais membros da família, como Leleco (Marcos Caruso), Muricy (Eliane Giardini) e Ivana (Leticia Isnard). A direção incentivava o improviso e os cacos, uma iniciativa devidamente avalizada pelo autor. Tipos laterais a cargo de grandes atores ganharam importância. Foi assim com a Suelen de Isis Valverde. Num lixão de fábula, conviviam em pé de guerra Mãe Lucinda (Vera Holtz) e Nilo (José de Abreu). Um mistério rondava o passado desses personagens.

Na outra ponta, havia os ricos, com menos destaque, mas não desprovidos de originalidade. Entre eles estava Cadinho (Alexandre Borges), um bígamo que terminou a novela dono de um harém e vivendo no Divino.

Como tinha feito em *A favorita*, em 2008, João Emanuel promoveu uma virada no meio da história. Era o Capitão Gancho – apelido que ganhara durante aquela novela graças à sua habilidade com a narrativa serializada e à concentração de adrenalina por capítulo – em plena forma.

Posfácio

Em 1950, quando começou no Brasil, e nos primeiros anos de sua existência, a televisão parecia uma fantasia ambiciosa, quase delirante. Porém, na prática, tratava-se de uma aventura de recursos modestos. Cenários e figurinos eram improvisados; os equipamentos, muito pesados e precários. O país estava maciçamente sintonizado no rádio, que cobria as necessidades do público de informação e entretenimento. E foi no rádio que a TV buscou seus talentos pioneiros. Toda a primeira geração de humoristas e apresentadores da Tupi era composta de vozes que o público adorava e conhecia bem. Como eles, os redatores e os atores dramáticos também vieram do rádio. Assim, àquela altura, Janete Clair, Dias Gomes e Ivani Ribeiro, entre tantos grandes da teledramaturgia, já eram experientes autores formados pelas radionovelas. Muitos traziam os tiques e o ritmo daquela linguagem que valorizava as palavras, mas prescindia da imagem.

Nesses primórdios da aventura iniciada por Assis Chateaubriand, ninguém tinha televisor em casa. Era uma novidade. Mas essa empreitada de risco e sem muitos músculos ganhou território até virar a nossa principal indústria cultural. A televisão atualmente não só está nas mais remotas esquinas do país como ultrapassou todas as fronteiras. As novelas brasileiras são vistas em dezenas de países. Elas ajudam a mostrar a música, a língua e até esportes típicos, como a capoeira, que, por causa das nossas tramas, se popularizaram em regiões distantes. Uma linguagem única, nacional, ganhou corpo e se estabeleceu. A tecnologia atualmente é sofisticada. Hoje é tudo mais complexo e portentoso. Mas, por outro lado, mais simples também: essa indústria corre num trilho seguro, longe dos tropeços daqueles tempos de desbravamento. Sua presença e identidade são incontestáveis.

A televisão é uma atividade coletiva por excelência. Por isso, as 101 atrações e figuras de destaque escolhidas para este livro não existiriam sem seus pares. Não há ator sem autor e diretor, iluminador, cenógrafo. Em um trabalho de tal trançado, o talento ganha uma capilaridade tão extensa que fica difícil destacar um nome sem que ele ecoe todos os que não entraram na lista. Então, para fazer a seleção, foi preciso estabelecer critérios objetivos. Os atores são da turma dos fundadores. Profissionais com quem esbarrei repetidas vezes ao longo da minha pesquisa, os dos primeiros estúdios, as testemunhas da construção da estrada. Diz-se que em televisão nada se cria, tudo se copia. Mentira. Neste livro, lembramos figuras que descobriram a pólvora, como Chico Anysio e Jô Soares. Depois deles, vieram... herdeiros deles. Todas essas presenças aqui se impuseram naturalmente. Mas houve critérios subjetivos também. Há os afetos, como é o caso do Topo Gigio, que marcou a minha infância e a de muitos outros da mesma geração. E o que a televisão americana nos deu de muito marcante, os enlatados. Eleger uns em detrimento de tantos outros significou um jogo de memória e de nostalgia. O resultado é uma mistura bem pessoal, mas que deve refletir o sentimento de numerosos telespectadores brasileiros. Foi divertido escavar esse terreno ainda tão fértil, tão novo. E, ao mesmo tempo, já cheio de sedimentações.

Agradecimentos

Ao Ali, pela primeira leitura atenta, mesmo com o tempo apertado; à Mànya, a melhor parceira com que eu poderia sonhar; ao amigo Artur Xexéo, que leu minha lista e colaborou com seu imenso conhecimento de causa; ao Pedro Bial, que me apresentou ao Pascoal no primeiro minuto do primeiro tempo, quando minha ideia de um livro ainda era outra; ao Pascoal e ao Peninha, pela confiança; ao Marcos e ao Tomás Pereira e à Virginie Leite, pela acolhida, pela dedicação ao projeto, pelo entusiasmo; à Isabela Mota, pelo trabalho de pesquisa iconográfica incansável e competente; à Sandra Cohen, Claudia Sarmento, Mirelle de França, Gabriela Goulart e Mariana Timoteo, que acompanharam este trabalho tão de perto; à Luciana Barbio Medeiros, do CDI, o Centro de Documentação do jornal *O Globo*, pela ajuda preciosa; à Laura Martins e ao Rodrigo Marques, da TV Globo, pelo mesmo motivo; à Júlia Laks e ao Memória Globo, pelos livros. Aos que conversaram comigo e me ajudaram a iluminar o caminho quando houve dúvidas: Glória Menezes, Lolita Rodrigues, Lima Duarte, João Emanuel Carneiro, Susana Vieira, Betty Faria, Francisco Cuoco, Benedito Ruy Barbosa, Luiz Fernando Carvalho, Jô Soares, Roberto D'Avila e Miguel Falabella; à família Kogut, sempre, por tudo, meu muito obrigada.

Todos os esforços foram feitos para creditar devidamente todos os detentores dos direitos das imagens que ilustram este livro. Eventuais omissões de crédito e copyright não são intencionais e serão devidamente solucionadas nas próximas edições, bastando que seus proprietários entrem em contato com os editores.

Crédito das imagens

12	Chatô. Arquivo O Cruzeiro/EM/D.A Press	33	Manoel Carlos. Fabio Seixo/Agência O Globo
14	Chatô (em cima). Arquivo O Cruzeiro/EM/D.A Press	34	Ivani Ribeiro. Adir Mera/Agência O Globo
14	Chatô (embaixo). Arquivo Diário da Noite/JCom/D.A Press	37	Maurício Sherman. Irmo Celso/Abril Comunicações S.A
15	Chatô. José Medeiros/O Cruzeiro/EM/D.A Press	39	Repórter Esso. Darcy Trigo/Abril Comunicações S.A
17	Cassiano. Arquivo/Agência O Globo	40	Boni. Acervo TV Globo
18	Hebe. Paulo Salomão/Editoras Caras S.A	42	Boni. Arquivo/Agência O Globo
19	Hebe. Paulo Salomão/Abril Comunicações S.A	43	Boni. Ricardo Chaves/Abril Comunicações S.A
20	Hebe (em cima). Wilson Mello/Agência O Globo	45	Chacrinha. Pedro Martinelli/Abril Comunicações S.A
20	Hebe (embaixo). Paulo Salomão/Abril Comunicações S.A	46	Chacrinha. Adir Mera/Agência O Globo
21	Lima Duarte. Arquivo/Agência O Globo	47	Walter Clark. Acervo Pró-TV
22	Lima Duarte (em cima). Jorge Peter/Agência O Globo	48	Walter Clark. Divulgação
22	Lima Duarte (embaixo). Acervo TV Globo	50	Almoço com as estrelas. Paulo Salomão/Abril Comunicações S.A
23	Lima Duarte. Rubens Seixas/Agência O Globo	51	Almoço com as estrelas. Paulo Salomão/Editoras Caras S.A
24	Walter Avancini. Antonio Nery/Agência O Globo	52	Chico Anysio. Monique Cabral/Agência O Globo
27	Fernanda Montenegro. Arquivo Nacional/Fundo Correio da Manhã	53	Chico Anysio. Adir Mera/Agência O Globo
28	Fernanda (em cima). Ricardo Chaves/Abril Comunicações S.A	54	Chico Anysio. Manoel Soares/Agência O Globo
28	Fernanda (embaixo). Adir Mera/Agência O Globo	55	Chico Anysio (em cima). Roberto Cerqueira/Agência O Globo
29	Grande Teatro Tupi. Acervo Pró-TV	55	Chico Anysio (embaixo). Antonio Nery/Agência O Globo
30	Grande Teatro Tupi. Acervo Pró-TV	57	Fernando B. Lima. Ricardo Chvaicer/Abril Comunicações S.A
30	Grande Teatro Tupi. Acervo Pró-TV	59	Flávio Cavalcanti. Luizinho Coruja/Abril Comunicações S.A
		60	Praça da Alegria. Arquivo/Agência O Globo

61	Praça da Alegria. Arquivo/Agência O Globo	
62	Praça da Alegria. Luizinho Coruja/Editoras Caras S.A	
63	Betty Faria. Adhemar Veneziano/ Editoras Caras S.A	
65	Betty Faria. Irineu Barreto Filho/ Agência O Globo	
65	Betty Faria. Adir Mera/Agência O Globo	
66	Glória Menezes. Acervo TV Globo	
67	Glória Menezes. Intervalo/Edição 135/Abril Comunicações S.A	
68	Glória Menezes. Acervo Pró-TV	
69	Tarcísio Meira. Acervo TV Globo	
70	Tarcísio Meira. Divulgação	
71	Tarcísio Meira. J. Ferreira da Silva/Abril Comunicações S.A	
73	Carlos Manga. Bruno Veiga	
74	Francisco Cuoco. J. Ferreira da Silva/Abril Comunicações S.A	
75	Francisco Cuoco. Acervo TV Globo	
76	Francisco Cuoco. Acervo TV Globo	
77	Os Trapalhões. Acervo Pró-TV	
78	Os Trapalhões. Marcelo Régua/ Agência O Globo	
81	Susana Vieira. Acervo TV Globo	
82	Silvio Santos. Antonio Nery/ Agência O Globo	
83	Silvio Santos. João Raposo/Abril Comunicações S.A	
84	Silvio Santos (em cima). Arquivo Nacional/Fundo Correio da Manhã	
84	Silvio Santos (embaixo). Clóvis Cranchi Sobrinho/Estadão Conteúdo	
85	Silvio Santos. Acervo Pablo	
87	Cláudio Marzo. Paulo Salomão/ Editoras Caras S.A	
88	2-5499 Ocupado. Divulgação	
90	Janete Clair. Manoel Soares/ Agência O Globo	
92	Janete Clair. Acervo TV Globo	
93	Enlatados. Silver Screen Collection/Getty Images	
94	Enlatados. Sunset Boulevard/ Corbis/Getty Images	
95	Enlatados (à esquerda). Divulgação	
95	Enlatados (à direita). Photographer/©ABC/Getty Images	
96	O direito de nascer. Divulgação	
99	Glória Magadan. Divulgação	
101	Vanucci (em cima). Paulo Salomão/Abril Comunicações S.A	
101	Vanucci (embaixo). Adir Mera/ Agência O Globo	
102	Festivais de música. Wilson Santos/CPDoc JB	
103	Festivais (em cima). Paulo Salomão/Editoras Caras S.A	
103	Festivais (embaixo). Arquivo/ Agência O Globo	
105	Jovem Guarda. Divulgação	
106	Jovem Guarda. Amilton Vieira/ Editoras Caras S.A	
107	Jovem Guarda. Acervo Pró-TV	
109	Milton Gonçalves (em cima). Acervo TV Globo	
109	Milton Gonçalves (embaixo). Rubens Seixas/Agência O Globo	
110	Regina Duarte. J. Ferreira da Silva/Abril Comunicações S.A	
111	Regina Duarte. Paulo Moreira/ Agência O Globo	
112	Regina Duarte. Irineu Barreto/ Agência O Globo	
113	Tony Ramos. Adir Mera/Agência O Globo	
114	Tony Ramos. Joel Maia/Divulgação	
115	Tony Ramos. Carlos Ivan/Agência O Globo	
116	Roberto Marinho. Acervo TV Globo	
117	Roberto Marinho. Arquivo Nacional/Fundo Correio da Manhã	
118	Roberto Marinho (em cima). Acervo TV Globo	
118	Roberto Marinho (embaixo). Arquivo/Agência O Globo	
120	Benedito Ruy Barbosa. Claudio Rossi/Agência O Globo	
123	Dina Sfat. Paulo André/Abril Comunicações S.A	
124	O Homem do Sapato Branco. Sergio Berezovsky/Abril Comunicações S.A	
126	Daniel Filho. Leonardo Lemos/ Editoras Caras S.A	
128	Daniel Filho (à esquerda). Arquivo/Agência O Globo	
128	Daniel Filho (à direita). Augusto Yunes/Agência O Globo	
129	Família Trapo. Folhapress	
130	Família Trapo. Intervalo/Edição 305/Abril Comunicações S.A	
131	Família Trapo. Divulgação	
132	Jô Soares. Adir Mera/Agência O Globo	
133	Jô Soares. Adir Mera/Agência O Globo	
134	Jô Soares (em cima). Fernando Donasci/Agencia O Globo	
134	Jô Soares (embaixo). Antonio Nery/Agência O Globo	
136	Paulo Gracindo. Chico Nelson/ Divulgação	
137	Paulo Gracindo. Adalberto Diniz/ Abril Comunicações S.A	
138	Paulo Gracindo. Arquivo Nacional/Fundo Correio da Manhã	
139	Antonio Fagundes. Julio Cesar Guimarães/Agência O Globo	
140	Antonio Fagundes. Adir Mera/ Agência O Globo	
141	Antonio Fagundes. Acervo TV Globo	
142	Balança mas não cai. Acervo TV Globo	
143	Balança mas não cai. Acervo TV Globo	
143	Balança mas não cai. Acervo TV Globo	
144	Balança mas não cai. Acervo TV Globo	
145	Dias Gomes. Adir Mera/Agência O Globo	
146	Dias Gomes. Arquivo/Agência O Globo	
148	Beto Rockfeller. Divulgação	
150	Gloria Pires. Acervo TV Globo	
151	Gloria Pires. Selmy Yassuda/ Agência O Globo	
152	Gloria Pires. Arquivo/Agência O Globo	
153	Jornal Nacional. Acervo TV Globo	
154	Jornal Nacional. Arquivo/Agência O Globo	
155	Jornal Nacional. Acervo TV Globo	
156	Copas do Mundo. Sergio Berezovsky/Abril Comunicações S.A	

157 Copas do Mundo (à esquerda). Flavio Ciro/Divulgação
157 Copas do Mundo (à direita). Flavio Torres/Editoras Caras S.A
158 Tipo Gigio. Acervo Pró-TV
161 José Wilker. Acervo TV Globo
162 Gilberto Braga. Marcia Foletto/ Agência O Globo
164 Globinho. Adir Mera/Agência O Globo
166 Globo de Ouro. Acervo TV Globo
167 Globo de Ouro. Acervo TV Globo
168 A grande família. Lucio Marreiro/ Divulgação
169 A grande família. Wânia Corredo/ Agência O Globo
170 Selva de pedra. Alexandre Goulart/Divulgação
171 Selva de pedra. Acervo TV Globo
172 Selva de pedra. Acervo TV Globo
173 Vila Sésamo. Acervo TV Globo
174 Vila Sésamo. Acervo TV Globo
175 O Bem-Amado. Acervo TV Globo
176 O Bem-Amado. Adalberto Marques/Agência O Globo
177 Fantástico. Acervo TV Globo
178 Fantástico. Luis Crispino/Abril Comunicações S.A
179 Fantástico (em cima). Alexandre Sassaki/Abril Comunicações S.A
179 Fantástico (embaixo). Marcio de Souza/Divulgação
180 Gabriela. Acervo TV Globo
181 Gabriela (em cima). Acervo TV Globo
181 Gabriela (embaixo). Lucio Marreiro/Divulgação
182 Gabriela. Acervo TV Globo
183 Escrava Isaura. Acervo TV Globo
184 Escrava Isaura. Acervo TV Globo
185 Escrava Isaura. Acervo TV Globo
187 Hans Donner. Adir Mera/Agência O Globo
188 Sítio do Picapau Amarelo. Acervo TV Globo
189 Sítio do Picapau Amarelo. Adalberto Diniz/Abril Comunicações S.A

190 Aguinaldo Silva. Fabio Seixo/ Agência O Globo
193 Abertura. Manoel Pires/Folhapress
193 Abertura. Manoel Pires/Folhapress
194 Carga Pesada. Rafael Campos/ Editoras Caras S.A
196 Malu mulher. Acervo TV Globo
199 Bozo. Paulo Salomão/Editoras Caras S.A
200 TV Mulher. Acervo Marilia Gabriela
202 TV Mulher. Acervo TV Globo
203 Fausto Silva. Flavio Ciro/Abril Comunicações S.A
204 Fausto Silva. Paula Johas/Agência O Globo
205 Fausto Silva. Luizinho Coruja/ Editoras Caras S.A
206 Guel Arraes. Dilmar Cavalher/ Abril Comunicações S.A
209 Pedro Bial. Acervo TV Globo
210 Gugu Liberato. Rochelle Costi/ Folhapress
212 Gloria Perez. Irineu Barreto Filho/Agência O Globo
215 Armação ilimitada. Adir Mera/ Agência O Globo
216 Luiz Fernando Carvalho. Luciana Cavalcanti/Folhapress
217 Luiz Fernando Carvalho. Luciana Whitaker/Folhapress
218 Grande sertão: veredas. Acervo TV Globo
219 Grande sertão: veredas. Acervo TV Globo
221 Roque Santeiro. Acervo TV Globo
222 Roque Santeiro. Antonio Ribeiro/ Editoras Caras S.A
223 Roque Santeiro (em cima). Irineu Barreto/Editoras Caras S.A
223 Roque Santeiro (embaixo). Acervo TV Globo
224 Anos dourados. Adir Mera/Agência O Globo
227 Roda viva. Nellie Solitrenick/Editoras Caras S.A
228 Xuxa. Marcos Issa/Agência O Globo
229 Xuxa. Arquivo/Agência O Globo
230 TV Pirata. Nellie Solitrenick/Abril Comunicações S.A

231 TV Pirata. Divulgação
233 Vale tudo. Acervo TV Globo
234 Vale tudo. Oscar Cabral/Abril Comunicações S.A
235 Vale tudo. Irineu Barreto Filho/ Agência O Globo
236 TV por assinatura. Divulgação
237 TV por assinatura. Acervo TV Globo
238 MTV. Luiz Paulo Lima/Agência O Globo
239 MTV. Adauto F. Perin/Abril Comunicações S.A
240 Pantanal. Marcos Rosa/Editoras Caras S.A
241 Pantanal. Jorge Cysne/Editoras Caras S.A
242 Pantanal (em cima). Jorge Cysne/ Editoras Caras S.A
242 Pantanal (embaixo). Divulgação
243 Novelas infantis do SBT. F.J. Lucas/Divulgação
244 Novelas infantis do SBT. João Santos/Editoras Caras S.A
247 Você decide (em cima). Acervo TV Globo
247 Você decide (embaixo). Luciana Leal/Agência O Globo
249 Casseta. Camilla Maia/Agência O Globo
250 Castelo Rá-Tim-Bum. TV Cultura/ Marisa Cauduro/Divulgação
252 Sai de baixo. Acervo TV Globo
252 Sai de baixo. Acervo TV Globo
255 João Emanuel Carneiro. Fabio Seixo/Agência O Globo
256 Os normais. Acervo TV Globo
257 Os normais. Bia Parreiras/Abril Comunicações S.A
258 BBB. Acervo TV Globo
259 BBB. Kiko Cabral/Divulgação
260 Hoje é dia de Maria. Fabio Rossi/ Agência O Globo
261 Hoje é dia de Maria. Fabio Rossi/ Agência O Globo
262 Avenida Brasil. Acervo TV Globo
262 Avenida Brasil. Acervo TV Globo
263 Avenida Brasil. Acervo TV Globo
Quarta capa Glória e Tarcísio. Cynira Arruda/Editoras Caras S/A

ESTAÇÃO
BRASIL

Estação Brasil é o ponto de encontro dos leitores que desejam redescobrir o Brasil. Queremos revisitar e revisar a história, discutir ideias, revelar as nossas belezas e denunciar as nossas misérias. Os livros da *Estação Brasil* misturam-se com o corpo e a alma de nosso país, e apontam para o futuro. E o nosso futuro será tanto melhor quanto mais e melhor conhecermos o nosso passado e a nós mesmos.